高校教育管理实践与探索

王虹力　赵宇侠　姜春田　著

吉林人民出版社

图书在版编目(CIP)数据

高校教育管理实践与探索/王虹力,赵宇侠,姜春
田著.—长春:吉林人民出版社,2023.11
ISBN 978-7-206-20730-3

Ⅰ.①高… Ⅱ.①王… ②赵… ③姜… Ⅲ.①高等学
校－教育管理－研究 Ⅳ.①G640

中国国家版本馆 CIP 数据核字(2023)第 237525 号

高校教育管理实践与探索

GAOXIAO JIAOYU GUANLI SHIJIAN YU TANSUO

著 者:王虹力 赵宇侠 姜春田

责任编辑:孙 昶

出版发行:吉林人民出版社(长春市人民大街 7548 号 邮政编码:130022)

印 刷:吉林省海德堡印务有限公司

开 本:787mm×1092mm 1/16

印 张:11.75 字 数:169 千字

标准书号:ISBN 978-7-206-20730-3

版 次:2024 年 4 月第 1 版 印 次:2024 年 4 月第 1 次印刷

定 价:58.00 元

前言

在当代社会中，人才的培养在很大程度上依赖于学校教育尤其是高校教育的发展，而高校教育又是当今社会人才培养的重要渠道，高校教育管理工作又是高校发展中必不可少的环节，它在实际的教学运作过程中起到了承上启下的作用，是连接高校教师和学生之间的纽带和桥梁。在高等教育改革发展的今天，教育管理水平将直接影响高校的教育教学水平和人才培养质量。由此可见，教育管理工作在高校发展中具有举足轻重的地位，随着高校改革浪潮的来袭，教育管理工作将变得更加复杂繁重，由此对高校管理工作者提出更大的挑战。高校教育管理工作者只有在实际工作中不断提高自身的综合素质和管理水平，不断强化服务意识和奉献精神，才能为高等教育事业的发展贡献出自己的力量。

高校教育管理始终是我国高等教育的主要组成部分。随着我国高等教育由精英教育阶段迈向大众化教育阶段，教育观念、教育价值、社会对人才的需求等诸多方面的变化都对高校教育管理提出了新的要求，促使高校教育管理和考试管理在观念、内容、方法等各个方面不断发展和改革，以适应知识和信息时代的社会变化及现代教育理念的新需要。高校教育管理工作是国家教育体系中的重要组成部分，在保证高校人才培养质量、规范高校教育管理秩序、培养社会主义事业合格建设者和可靠接班人等方面发挥着十分重要的作用。

目录

第一章 高校教育管理概述

第一节 高校教育管理的内容及本质

一、教学管理的组织系统

教学管理组织系统是教学管理群体为达成共同的目标，利用权责分配，层级统属关系与团队精神构成的可以实现自我发展与调节的社会系统，用于解决由谁管理与如何管理的问题，管理是指组织机构安排、隶属关系与权责规划等组织制度体系化建设，管理体质是指管理系统的结构和组成方式。要想充分发挥教学管理组织功能，就要从根本上优化管理体制，促进组织结构的科学合理建设，管理系统属于结构性关系组织，是组织成员彼此行为关系构成的一个行为系统，更是一个随时代变迁而调整适应的生态化组织，更是成员角色关系网。教学管理组织建设的根本目的是要构建全面科学的教学管理系统，构建质量管理系统与运行机制，更好地为广大师生以及教育教学工作提供助力，教学管理系统关注的是过程管理纵向系列与横向系列整合。纵向系列指高校、二级学院（部）、教学系部和教研室；横向系列有教务部门、科研部门、大学生管理部门、人事部门、政工部门、后勤保障部门等；要促进教学目标的达成，培育出更多优秀人才，必须确保两个系列进行有效协调。

高校要构建教学管理组织系统，保证该系统工作可以顺利高效地开展，灵活创新地运行，一定要打造高素质的教学管理队伍，明确机构设置，确定岗位责任。

二、教学管理的基本任务和职能

从基本任务上看,教学管理需要严格遵照教育教学规律,搞好教学管理系统规划,运用现代科技和现代化管理方法对所有教学活动实施动态和目标性管理。与此同时,强调要发挥管理协调的巨大价值,调动各方参与主动性,确保在人才培养进程当中教学任务能够顺利完成。

教学管理职能主要是"决策、规划、组织、指导、控制、协调、评估、激励、研究、创新",这些职能之间既有交叉,又有着密切的内部关联,共同构成了一个有机整体。

三、教学管理内容体系

想要做好教学管理,提升管理质量,其核心在于管理者应清楚地知道所要管理的内容,重点管理的内容以及如何能够管理好。教学管理本身是一个整体,从多元化角度来说,就教学管理内容体系、业务科学体系而言,可以将其归纳成为四项,分别是教学计划、教学运行、教学质量管理与评价、教学基本建设管理。如果将教学管理职能作为划分标准的话,包含控制协调、评估激励、研究创新、决策规划、组织指导,从教学管理层次与高度层面上进行分析,涵盖教学改革、教学建设与日常管理这几个部分。

(一)教学计划管理

人才培养方案是高校为了提升教育教学质量,确保培养规格的关键性文件,是安排教学活动,设置教学任务,维护有序的教学编制的依据所在。教学计划是在教育部宏观指引之下,由高校组织专家自主制订完成的,所以每个高校拥有很高的自主权,教学计划在确定之后必须全面贯彻落实。教学计划管理的核心在于合理设计人才培养蓝图,要求高校在企业中注入极大精力,开展基本调查研究,尤其是获知新的教育观点、教学内容、培养模式等方面。需要对高校本学科专业的学术教学带头人、骨干教师先进行课程结构体系的研究,只有保证课程结构体系的优化与全面,将人才培养的总体规划进行有效定位，才能够为优秀毕业生的培育奠定坚实的基础。

（二）教学运行管理

教学管理基本在于利用规范化管理确保教育教学活动顺利有序地运转，提升教学水平。教学运行管理是围绕教学计划落实开展的教学过程与有关辅助工作的组织管理。教学过程既是学生受教师引导的认知过程，又是学生利用接受教学活动的方式，收获综合发展能力的过程。高校教学过程在组织管理方面的特征最为明显，具体分为三点：第一，学生学习自主性与探究性特征明显。第二，坚实基础学科教育根基上的专业教育拓展。第三，教学科研不断整合。以这些特点作为重要根据，教学过程组织管理特别要做好课程大纲的设置；设计组织管理内容、程序、规范要求等，以便对教学过程进行检验。

（三）教学行政管理

教学行政管理是高校、教学系部等教学管理部门结合教育规律与高校规章行使管理方面的职权，对教学活动与有关辅助工作实施科学化组织、指挥、协调调度，确保教学稳定持续运转的协调过程。

（四）教学质量管理与评价

教学质量这个概念具有很强的综合性，判断教学质量水平指标只有涵盖教学、学习与管理质量的综合性指标，才能够得到客观准确的评估，教学质量是不断渐进累积的产物，是动态与静态管理整合形成的，所以要关注动态与过程管理，实现过程与结果的统一。革新教育思想，提升教学水平是做好教学质量管理的基础前提。要做好质量监控，设计全程质量管理，构建与校情相适应的质量监控体系与运行机制，必须先对质量监控概念、要素、组织体系等进行梳理，认真研究质量监控与保障的全部有关问题。高校要积极构建围绕核心，科学化与可操作性强的质量管理模式。

第二节 高校教育管理的重点与意义

一、高校教育管理的重点

(一)教学管理的特点

教学管理在高校管理实践当中占据着不可替代的地位,同时管理活动带有明显的特殊性,这也决定了教学管理有以下几个明显特点。

1. 教学管理的能动性

能动性是教学管理的一个显著特点,指的是人的主观能动性。教学管理的主要对象是师生,是否可以有效调动师生的积极性是衡量教学管理质量的关键标准。在整个教学管理体系当中,师生拥有双重身份。教师在对大学生进行教学指导时扮演的是管理者角色,而教师在作为高校教育教学执行者时属于管理对象。大学生是高校与教师的管理对象,同时又是自身学习的自我管理者,不管师生扮演着怎样的角色,承担着何种的身份,其都有主观能动性。

2. 教学管理的动态性

动态性指的是教学管理各环节均处在动态发展的进程当中,如人才培养方案要紧随社会经济的变迁而不断地更新完善,教学质量评价系统要跟随建设内容的改变而更新。正是在持续不断的总结提升和动态化的协调处理当中,才让教学管理水平与质量呈螺旋上升趋势。

3. 教学管理的协同性

教学管理担当的重要任务是协调大学生个体与高校、教师的集体活动,有效发挥师生个性,推动个人与集体的协同进步。

4. 教学管理的教育性

教学管理者利用科学性制定管理制度,优化管理过程,设置奖惩制度等方式,指导大学生进行自我教育与管理,推动大学生自我服务,最终实现育人目标。

5.教学管理的服务性

高校中心工作在于育人,教学管理要紧紧围绕教与学,并为其提供良好的服务。树立正确的服务意识是对教学管理者提出的根本要求。

(二)教学管理队伍的结构

教学管理人员的结构主要包括学历结构、职称结构、年龄结构、高校结构和性别结构等指标。科级以上管理人员岗位应具备硕士及以上学历,博士学历占一定比例;处级岗位、教学副院长(副主任)和重要科级岗位应具备副教授及以上职称,教授占较大比例;老、中、青各层次人员合理分布,教学管理队伍既要有教学管理经验丰富的中老年专家,又要有充满活力、信息技术强的青年骨干;结构上外校人员应该占多数比例,有利于发挥不同的管理思想,承担重要岗位工作的教学管理人员应有基层教学管理工作的经历。

(三)教学管理的重点

1.注重提高教学管理人员职业道德和业务能力

教育管理者所处的位置非常关键,想要发挥承上启下的作用,担当上传下达的责任,不仅要贯彻落实上级部门给出的工作安排与文件精神,还必须协调组织教学管理活动,同时还要面对教师,处在和大学生沟通互动的前沿,这样的工作定位与职责呼吁教学管理者要具备职业道德与高度的责任意识。教学工作涉及范围广,内容多而复杂,很多事都要关注细节,有些事情看似很小,但实际上却关系深远,因此教学管理者必须具备精诚合作的精神。高校教学管理的一个重要特征是层次化管理,既有独立又有彼此的团结配合。只有具备团队协作精神,懂得如何合作和协调,才能够全方位处理好实际工作,做好分工,有条不紊地解决好诸多问题。因此,教学管理者业务水平与能力素质是独立开展教学管理工作,有效突破实际难题,完成各项管理任务的根本,这就要求教学管理者有极强的业务素质能力。高校要关注教学管理者业务素质水平的提升,使其能够熟练把握以及运用好高等教育的专业化知识,掌握教学管理的基本理论与专业知识,有效评估教育教学的发展态势,协调不同部门与不同因素之间的关系,推动信息的顺畅流动,革新管理策略,全面提升管理水平,从实际出发开展教育科学研究和实验活动,有效推动教育管理现代化与科学化。

2. 正确处理教学管理与教学质量的关系

教学管理是高校针对教学工作的不同环节开展的管理活动,结合既定管理目标与原则对教育教学工作实施有效调控。教学管理各环节均与教学质量存在着密不可分的关联,与此同时,要特别注意结合反馈信息以及评估获得的结果进行教学计划的革新调控,每一项具体工作又会包括很多不同的方面,教学管理一定要紧紧围绕全面提升教学质量这个中心工作实施,高校应该全面革新与健全教学管理体制,积极建立有助于新型人才培养的教学管理制度。

3. 正确处理教学管理人员与教师教学任务的关系

教学管理者与教师共同担当着教育使命,前者以整合利用教育资源为主,教师以传播知识和启迪思想为主,管理育人与教书育人相辅相成,二者存在互相影响与作用的关联,属于相同目的之下的不同层面、主要体现在以下几个方面。

第一,教学管理者是衔接教师和大学生的纽带,负责协调处理二者之间的矛盾问题,有效营造优质的教学环境,确保教学和学习活动的有序开展。

第二,教学管理者利用整理分析教师教学质量信息,反馈教学和学习的实际情况,合理给予科学化评定。检查考核教师教育教学当中体现出来的学术与教学水平,评估其敬业精神,归纳评估教师是否认真完成了教育任务,给出的指标和规划促使教师结合社会发展与市场需要提升教学水平,培养高质量人才。

第三,教学管理者与教师共同参与高校各项事业的建设,如课程建设和教材建设等,利用对教学的调查研究与分析工作,提出改革和优化教学的方案计划。

第四,高校管理者给教师提供教育教学方面的帮助,营造优越的教学环境,促使教师可以集中精力投入教学活动当中。

4. 注重教学管理与教学研究的关系

教学管理是一项系统性工程,需要长时间的建设与积累。高效完成日常教学管理工作,维护教学秩序只是完成了第一层次工作,仅仅标志着拥有了良好的工作基础与教学环境。要想真正提升人才培养质量与教学管理质量,还必须积极促进教育教学研究工作的开展。关注教育教学研究的高校,其拥有指导思想明确的教学工作,恰当的目标选择,能够审时度势,从国情校情出发,确立新思想、新思路、新措施、新制度,使教学工作和管理工作处于高质量状态。

二、高校教育管理的意义

教学管理是高校教育工作的重要组成部分,对培养高质量的人才起着重要的作用。当前加强教学工作的主要任务和基本举措是加大教学投入,强化教学管理,深化教学改革。这既需要各高校结合自身实际,健全和完善各项教学工作的规章制度,还需要采取措施确保各项规章制度的严格执行。高校实施先进有效的教学管理离不开高素质的教学管理人员,只有具备一支业务能力强、创新意识强、实干精神强的教学管理队伍,高校的教学管理水平才能不断地得到提高。

(一)教学管理人员具备的素质能力

现代教育要求高校教学管理工作必须适应时代的发展,这就对在第一线的教学管理工作者提出了更高的要求,要求他们具备多方面的综合能力和素质,具体表现在以下几个方面。

1. 具备高尚的道德素质

良好的道德素质是搞好教学管理工作的基本条件。高校教学管理人员的道德素质直接关系到高校教书育人的成效。"学为人师,行为世范",教学管理人员应以自身的思想、学识和言行以及道德人格力量直接影响大学生,做到管理育人。

2.具备强烈的责任心

教学管理工作既有较强的连续性,又会遇到新情况、新问题;工作头绪多,任务重。强烈的责任心能产生工作主动性,是教学管理人员必备的品德。如每学期的期末考试,从安排、组织考试,到上报各种考试报表,再到各科试卷、成绩单的整理归档,每个环节都必须认真负责,才能较好地完成工作。

3.具备扎实的业务知识素质

第一,要掌握系统的管理学知识。教学管理人员应掌握系统的管理学知识,按照管理规律办事,采用科学的管理方法,合理地分配人力、物力、财力,提高教学管理工作的效率。第二,要掌握相关学科知识,这是搞好教学管理工作的基础。院级教学管理人员应了解各专业的培养目标、课程体系及各教学环节的有关内容。第三,随着科学技术的飞速发展,办公自动化的程度越来越高,教学管理人员应学习和掌握相关的信息手段与技术,如掌握学籍管理系统、教材管理系统、教务管理系统、教学评估系统、毕业证书管理系统的应用及有关日常文书处理软件的使用等,促进教学管理方法的创新,保证教学管理工作的规范化、科学化和现代化。

4.具备较强的工作能力素质

能力是使教学管理活动顺利完成并获得预期效果的基础和保障,因此能力培养和提高甚为重要。一名优秀的教学管理人员应具备一定的组织管理能力,较强的协调应变能力,利用现代化设备获取信息、处理信息的能力,较强的调查研究能力及团队协作能力等,这些能力是教学管理人员准确评估教学的发展趋势,协调各教学单位间的相互关系,促进教学信息良性流动所应该具备的基本素质能力。

(二)教学管理的重要性

从世界高等教育的发展趋势看,深化教学管理是当今世界高等教育发展趋势的客观要求。提高人才培养质量是世界各国面临的共同课题,高校都在思考"21世纪的高等教育应该如何发展"。严格规范的教学管理,特别是加强教学质量的控制是提高高等教育质量的重要保证,向管理要质量是教学改革的重要任务之一。

从高等教育科学的发展来看,高校应把高等教育教学管理作为一门科学来对待,高校的教育教学管理应形成必要的校内外教育研究信息沟通机制。高校应加强教育教学研究的氛围,进行有组织、有计划、有目的的教育教学及管理研究,对学习、借鉴、继承、发展等进行系统的思考和具体安排。

(三)管理队伍建设的意义

建设一支综合素质过硬的教学管理团队是有效提升高校核心竞争力的重要举措。随着社会的发展,高校间的竞争越来越激烈。如何招到更多的优秀大学生,如何培养出更多高素质的大学生,如何使大学生在就业市场占据有利的地位已成为各高校普遍关注的重要问题。而从新生入学、过程培养,到毕业生离校的整个学习过程,任何一个环节都离不开教学管理的保障。教学管理队伍实力强,则贯穿教学过程中的理念就先进,制度就健全,教与学的环境就更严谨、公正,大学生掌握的知识和技能就更全面,因此加强管理队伍建设将使教学质量得到提高和保障。

实际工作中,教学管理队伍也确实为提升教学工作水平发挥了关键性的作用。无论是师资队伍建设、教学条件和利用、专业建设与教学改革,还是教学管理、学风与教学效果,所有这些能够决定教学水平的项目,都与教学管理人员的工作息息相关。只有加强教学管理队伍建设,并将高素质的教师队伍与高质量的教学组织管理有机地结合起来,才能创造出良好的教育教学质量,不断地提升教学工作的水平。

加强教学管理队伍建设是提高人才培养质量的重要手段,人才培养是高校的根本任务,质量是高校的生命线。为全面提高人才培养质量,必须强化教学管理,深化教学改革,积极推进教育创新,尤其要推进人才培养模式、课程体系、教学内容和教学方法的改革,促进传授知识、培养能力、提高素质的协调发展。教学管理人员是深化改革、推进创新的主要策划者、实施者和监督者,教学管理队伍的水平直接决定了高校教学改革的广度、深度和力度。所以,提高人才培养质量必须加强教学管理队伍的建设。

第二章　高校教学管理及队伍建设

第一节　教学管理概述

　　高等教育的全球化发展日渐重要,在高校改革尤其是教学改革工作的不断深化中,教学管理工作的改革显得尤其重要,成为提高教育教学质量的关键因素之一,严格教学管理,健全教学质量保障体系,改进高校教学评估,因此,高校应充分调动学生学习的积极性和主动性,激励学生刻苦学习,增强诚信意识,养成良好的学风。高校还应全面提高教学质量,不仅要加强办学条件、教学设备等硬件条件的建设,更需要强化科学合理的、专业化的教师队伍、管理人员队伍等软件条件建设。新形势下,教学管理队伍作为管理工作的主体,其素质、能力与管理水平直接影响高校教学工作的稳定、发展和提高和高校教学质量未来发展。因此,建设一支专业知识、专业能力和专业品质成熟的专业化教学管理队伍对于高校的科学发展具有重大的价值和意义。

　　教学管理工作是高校管理的中心工作,是高校维持正常的教学秩序、实现人才培养目标、提高教学质量的保证,教学管理队伍是教学管理工作的主体,是教学管理工作的执行者和学校的重要组成部分。高素质、高水平的教学管理要求建设一支结构合理、队伍稳定、素质高、服务意识强、创新能力强的专业化、职业化的教学队伍,而高素质的教学管理队伍是有效促进高校教育教学质量提高、突出培养优势和管理特色,保证高校未来可持续发展的重要人力保障。

一、教学管理的组织系统

教学管理的组织系统又称为教学管理的组织与方法体系,是教学管理的群体为了共同的目标,通过责权的分配、层级的统属关系和团体意识所构成的能自我调节、自我发展的一个社会系统;主要解决"谁来管理,怎么管理"的问题,管理体制则是指组织机构的设置、隶属关系和责权规划等组织制度的体系化。管理体制和组织结构的合理和优化决定着教学管理组织功能的有效发挥,管理系统是一个个体、团体和整体之间结构性的关系组织,是一个组织成员相互行为关系的行为系统,是一个随着时代环境的变化不断进行自我调整、自我适应的生态组织,也是一个组织成员角色关系的网络系统。教学管理组织建设的目标主要是建立一个科学、完善的教学管理系统,形成全面的质量管理体系和运行机制,以服务于教学、教师和学生。教学管理系统是侧重过程管理的纵向系列和侧重目标管理的横向系列的结合,纵向系列指学校、二级学院(部)、教学系部和教研室;横向系列主要涉及目标管理,包括教务部门、科研部门、学生管理部门、人事部门、政工部门、后勤保障部门等;这两个系列只有处于完全协调一致的工作状态,才能完成共同的教学工作目标。

要想建立高效能的、灵活运转并能创造性工作的教学管理组织系统,必须重视和加强教学管理队伍的建设,建立一支专兼结合、素质较高、相对稳定的教学管理干部队伍,机构要有职责范围,人员要有岗位责任。

二、教学管理的基本任务和职能

教学管理的基本任务是遵循教育教学的基本规律,通过对培养、改革、建设和管理的系统规划,借助现代化的科学管理手段,对全部教学活动在动态演进中应达到的既定教育教学目标的管理。同时,要发挥管理的协调作用,调动各方面的积极性,保证全部培养过程各阶段教学任务的有效实现。

教学管理的职能可归纳为"决策、规划、组织、指导、控制、协调、评估、激励、研究、创新",它们之间相互交叉,互为联系,是一个有机的整体。

三、教学管理内容体系

教学管理是有机的、统一的整体,教学管理的内容体系从不同视角呈现出不同的体系框架。从教学管理业务的科学体系或工作体系来看,可概括为"四项管理",即教学计划管理、教学运行管理、教学质量管理与评价和教学基本建设管理;从教学管理职能的角度来看,主要包括决策规划、组织指导、控制协调、评估激励和研究创新;从教学管理的高度和层次来看,包括静态管理与动态管理相结合的教学改革、教学建设和日常管理。

(一)教学计划管理

教学计划管理的培养方案是学校保证教学质量和人才培养规格的重要文件,是组织教学活动、安排教学任务、确保教学编制的基本依据。教学计划管理的核心工作是精心设计人才培养的蓝图,这就需要教育工作者投入很大的精力进行必要的基本调查研究,包括国内外相同、相近学科专业的改革和发展动向,特别是新的教育观,新的教学内容、课程体系、教学环节和人才的培养模式等。要组织学校本学科专业的学术、教学带头人及有经验的骨干教师先行研究课程结构体系,只有设计构建一个整体优化的课程结构体系,将人才培养的总设计描绘清晰,才能够据此培养出高质量的合格毕业生。当然,教学计划在制订以后还要有严格的组织实施。

(二)教学运行管理

教学管理的基本点是通过协调、规范的管理保障教学工作稳定运行,保证教学质量得到有效提升。教学运行管理主要是围绕教学计划的实施所进行的教学过程及相关辅助工作的组织管理。教学过程是学生在教师指导下的一种认知过程,又是学生通过教学获得全面发展的一个统一过程。高校教学过程组织管理的主要特点包括三点:一是高校学生学习的独立性、自主性、探索性逐步增强;二是在深厚的学科基础上开展适度的专业教育;三是教学和科研的逐步结合。根据这些特点,在教学过程的组织管理中要注意把握两方面的工作:一方面,要制定好课程大纲;另一方面,要针对课堂教学、实践教学、科学研究训练这三个主要环节设计好组织管理的内容、要求和程序,并以此进行检查。

(三)教学行政管理

教学行政管理主要指学校、二级学院、教学系部等教学管理部门要依据教学规律和学校的规章制度行使管理职权,对各项教学活动及相关的辅助工作进行科学合理的组织、指挥、调度,以保障学校教学工作稳定有序运行的协调过程,也包括严格规范地做好教学的日常管理、学籍管理、教学工作管理、教学资源管理和教学档案管理等工作。

(四)教学质量管理

教学质量是个综合化的概念,衡量教学质量高低的指标应该包括教学、学习及管理质量的综合指标;教学质量又是一个渐进的、累积的形成物;教学质量是静态管理和动态管理相结合的,应注重动态管理和过程管理,这是因为教学质量管理的最终任务是保证和提高每一项教学活动、每一个教学环节及最终的教学质量,转变教育思想,提高教育质量是搞好教学质量管理的前提条件。要深入研究质量监控,研究完成全程质量管理的设计,建立适合校情的质量监控体系和运行机制,首先要厘清质量监控的概念、要素、体系和组织系统,要研究质量监控与质量保证的所有相关问题。高校应建立科学的、抓住核心的、可操作的质量管理模式,包括教学质量检查方式,教学工作评估,教学信息的设计、采集、测量、统计分析和管理等。

第二节　高校专业建设与课程建设的研究与进展管理

一、专业建设研究与进展

(一)专业及学科的概念与内涵

1. 专业的概念与内涵

现代教育体系中对专业的定义有广义与特指之分。广义的专业是指知识的专门化领域,专业即某种职业不同于其他职业的一些特定的劳动特点,特指的专业即高校中的专业,是依据确定的培养目标设置于高校(及相应的教育机构)的教育基本单位或教育基本组织形式。专业是高校根据社会的分工需要而划分的学业门类,各专业都有独立的教学计划,以体现本专业的培养目标和要求。

由此可见,专业是高校培养人才的基本单位、它能够通过专门教育和训练,促进学生获得较高的专门知识与能力,以便为社会提供专业而有效的服务,专业是按照社会对不同领域和岗位的专门人才的需要来设置的。学科知识是构成专业的原料,不同领域的专门人才需要什么样的知识结构,专业就通过对相关的学科知识进行切块、组织来形成课程及一定的课程组合的方式来满足其需要。专业以学科为依托,有时某个专业需要若干个学科支撑,有时某个学科又下设若干个专业,一个专业是由适用于其需要的若干学科中的部分内容构成,而不是由若干学科中的所有内容构成。

2. 学科的概念与内涵

学科从学术分类和教学分类两方面有不同的解释。

第一,学术分类方面。学科是指一定科学领域或一门科学的分支,如物理学、生物学、教育学等。

第二,教学分类方面。学科是高校教学内容的基本单位,指为培养人才而设立的教学科目,通常意义上所讲的学科是指高校或科研机构为培养高级人才而设立的教学科目。高校是传授高深学问的场所,而各种不同的"学问"则以学科的形式出现,学科理所当然地成为承担高校职能的基本单元。在此,可以把高校学科定义为高校学科是以知识分类为基础,以高深专门知识为学术活动的对象,承担高校职能的基本单元。

(二)学科建设与专业建设

1.学科建设和专业建设的内容

第一,学科建设的构成要素主要有学科带头人、学科梯队、科研课题、研究仪器设备、学科建设管理人员等;学科建设主要是学术梯队建设、研究设施建设、确定研究方向、争取研究项目,形成科学、合理的学科管理制度等,目标是取得更高水平的研究成果。学科建设的作用表现在五个方面。一是学科水平决定一所高校的水平,是高校办学水平和综合实力最主要的体现。二是学科是吸引人才的强磁场,培养人才的沃土。三是学科对人的发展起着定向和规范的作用。四是学科建设是构筑高校核心竞争力的必由之路。五是学科建设是高校发展的平台,是高校人才培养、科学研究和社会服务三大社会功能的基础。

第二,专业建设的构成要素主要有教师、课程、教材、实验与教学管理人员等。专业建设主要是专业培养目标与培养方案的制定、专业教学手段与教学方法的改进、人才培养模式的改革、课程开发、教材建设、实验室与实习基地建设等。高校专业的划分是以学科分类为基础,与社会职业分工相适应的。专业建设的作用表现在三个方面:一是专业水平反映了高校进行本科人才培养的水平;二是专业是高校培养学生并传授其技能的平台,反映高校的学科水平;三是专业建设是提高学生就业综合竞争力的重要途径。

2.学科建设和专业建设的关系

高校进行学科建设必须搞清楚学科建设与专业建设的关系,学科的划分遵循知识体系自身的逻辑,学科是相对稳定的知识体系。

学科建设是对相关学科点和学科体系的科学规划和重点建设,从而形成和提升人才培养与科学研究的综合实力。学科建设与专业建设密不可分,学科建设是基础,学科建设的成果既可以作为专业建设的原料,但也可以有非专业建设的用途,可以直接为当地生产建设所用;专业建设是成果,中间通过课程这一桥梁来连接。市场对人才规格要求的变化引起专业的调整也是促进学科建设的动力之一。

(三)专业设置机制构建的措施

专业设置是高等教育部门根据科学分工和产业结构的需要所设置的学科门类,是人才培养规格的一个重要标志和体现,高校学科专业结构调整和优化是高等教育支撑国家发展战略的迫切需要。

第一,以社会需求为导向,合理设置学科专业,要从国家经济社会发展对人才的实际需求出发,加大专业结构调整力度,根据科学技术发展的特点,紧密结合我国高等教育的实际,研究建立适应国家经济与社会发展需要的专业设置和调整制度,制定指导性专业规范。

第二,要根据国家对各专业建设的要求,在进一步拓宽专业口径的基础上,大力倡导在高年级灵活设置专业方向。

第三,构建专业设置预测机制,定期发布各类专业人才的规模变化和供求情况,引导高校及时设置、调整专业和专业方向,为高校优化专业布局和调整人才培养结构提供指导;研究建立人才需求的监测预报制度,定期发布高等教育人才培养与经济社会需求状况,加强与社会用人单位的联系,培养满足国家经济社会需要的各种专门人才。

第四,大力加强本科专业建设,按照优势突出、特色鲜明、新兴交叉、社会急需的原则引导各级各类高校发挥自身优势,大力培育优势明显、特色鲜明的本科专业,加大建设力度,逐步形成专业品牌和特色。

第五，积极探索专业评估制度改革，重点推进工程技术、医学等领域的专业认证试点工作，逐步建立适应职业制度需要的专业认证体系。

第六，设置新的本科专业，进行科学论证，严格履行必要程序，充分考虑职业岗位和人才需求，要有成熟的学科支撑，符合高校的办学目标和办学定位，拥有相配套的师资条件、教学条件和图书资料等，并投入必需的开办经费，加强对新设置专业的建设和管理。

(四)专业设置与调整管理规定

1.专业设置基本条件

高校设置专业必须具备符合学校办学定位和发展规划；有相关学科专业为依托；有稳定的社会人才需求；有科学、规范的专业人才培养方案；有完成专业人才培养方案所必需的专职教师队伍及教辅人员；具备开办专业所必需的经费、教学用房、图书资料、仪器设备、实习基地等办学条件，有保障专业可持续发展的相关制度等基本条件。

2.专业设置制度

专业设置和调整仍然采取自下而上的"申报—审批—备案"制度，审批和备案工作每年实行一次。教育部设立了专门的"普通高校本科专业设置与管理平台"作为专业公共信息服务与调整的公共信息服务与管理平台。

(五)典型专业建设与管理

1."特色专业"建设与管理

特色专业建设为全面贯彻落实科学发展观，切实提高教育教学质量，大力加强专业建设，按照优势突出、特色鲜明、新兴交叉、社会急需的原则，择优选择和重点建设特色专业点，引导各级各类高校发挥自身优势，努力办出特色奠定了基础。

2.特色专业建设的重点内容

特色专业是指在办学理念、人才培养模式、专业教学内容及教学手段等方面具有显著特色的专业。特色专业所培养的学生比一般专业人才具有更加突出的人文素养、专业能力;有独立、个性化的人才培养方案,较高的学术声誉与较大的社会影响。

特色专业的建设目标是培养专业素养突出的高素质人才,重点从专业建设与专业发展理念、人才培养目标、专业课程体系构建、实践能力培育、师资队伍及教学管理等方面实施。

第一,专业建设观念的建设要点。特色专业的建设与发展要充分体现专业指导思想的科学性,使人才的培养更具有社会适用性,创新与改革特色专业建设观念,把特色专业建设与学校生存与发展紧密结合起来。

第二,人才培养方案的建设要点。特色专业建设的核心内容、重点与难点是人才培养方案的制定与优化,人才培养方案涵盖课程体系、教学内容、教学方式、实践教学环节等。特色专业建设过程中,重点要放在加强相关产业和领域发展趋势和人才需求研究的基础上,建立有效的合作机制,吸引产业、行业和用人单位共同研究课程计划,制定与生产实践、社会发展需要相结合的培养方案和课程体系。合理确定基础课程与专业课程、必修课程与选修课程、理论教学与实践教学的比例,课程体系结构合理、特色鲜明、可操作性强。

教学内容设置服务于产业、行业与用人单位的需求,体现知识、能力、素质的要求,真正引入行业、产业发展所需的新知识、新技术。改革教材建设,更新教材体系与内容,利用现代信息技术开发与课程体系、教学内容相匹配或对教学内容进行补充的立体化教材,尤其是将行业、企业的先进技术引入教材建设内容;引进和使用国外优秀教材,拓宽学生视野,增强学生的国际竞争力。

改革教学方法与手段,突破以知识传授为中心的传统教学模式,探索以能力培养为主的教学模式,采用启发式、探究式、研究性教学方法,保证培养计划的顺利实施。

第三,实践教学建设要点。特色专业建设要强化实践教学建设与改革,改革创新实验教学内容和教学方法,构建基础实验、综合性实验、创新性实验、研究性实验相结合的实验教学体系。科研与教学相融合,探索项目式研究带动教学的新模式,将教师的科研成果与研究思维注入实验教学,扩展学生的知识视野,增强团队协作精神,培养科学的思维方法,提高实践动手能力。

改善实验教学环境与条件,加大相关学科实验室和研究项目等资源向高校生开放力度,吸收学生参与科学研究;第一批特色专业建设点保证教学计划内各类实践教学活动累计时间不少于半年,其他批次特色专业建设点要逐步增加;有效设计生产实习、社会实践、科研训练、毕业实习、毕业设计(论文)等环节,积极探索"产学研"有效结合的模式,建立学生到工厂、企业、社会等实践教学基地推行实践实习的有效机制及学校、用人单位和行业部门共同参与的学生考核评价机制。

第四,师资队伍建设要点。建设一支以学术带头人为骨干,教学和科研综合水平高、结构合理的师资队伍;要有高水平的科研基础,特色专业的建设要求科研与教学有机结合,科研促进教学改革,教学促进科研水平的再提高,特色专业建设是将科研与教学有机结合的最好途径。

改革教师培养和使用机制,完善校内专任教师到相关产业和领域进行一线学习交流、相关产业和领域的人员到学校兼职授课的制度,形成交流培训、合作讲学、兼职任教等形式多样的教师成长机制,形成一支了解社会需求、教学经验丰富、热爱教学工作的高水平专兼结合的教师队伍。

第五,教学管理制度的建设要点。建立调动教师参与教学积极性的政策措施,一方面吸引和保证高水平教师从事教学工作,另一方面鼓励和支持骨干教师与相关企业进行合作、交流和学习。建立支持本科生参与科研创新实践活动的有效机制,充分调动教师指导学生和学生自主参与科研的双向积极性。建立学生深入社会开展实践活动的长效机制,形成教学、科研和社会实践有机结合的人才培养模式。

构建教学质量保障体系与评估机制,紧密结合专业特点及行业发展实际,建立学校、行业部门和用人单位共同参与的学生考核评价机制。

二、课程建设研究与进展

课程是最基本的教学元素,是学生接触最直接、受益最全面的教学单元。通过课程的学习,学生不仅能够获得知识和技能,同时能够形成特定的人格。课程的质量直接影响着人才培养的质量。在专业建设、师资队伍建设、实验室建设和课程建设等教学基本建设中,课程建设处于核心地位。课程建设作为高等院校教学建设中的基础性建设,是一个动态的、系统的管理过程,包括教学大纲、教学方案、教材及教学条件等完成传授知识的载体与条件,教学文件、教学环节、教学管理状态等完成传授知识的教学工作状态以及师资队伍等知识的传授者。高校的课程建设可概括为以师资队伍建设为中心,以教学材料建设为依据,以教学设备建设为保证,以改革教学体系和内容为关键,以教学方法和教学管理科学化为手段,以全面提高教学质量为目的的一项系统工程。课程建设的任务是根据现有条件和课程现状,逐步完善课程的各相关要素,强化知识传授和能力培养系统。课程建设将相应地促进师资、教材、条件、管理、手段和方法的改革。

作为学校教学建设的核心内容,课程建设目标的实现主要体现在能否建设一支高水平的师资队伍,能否培育高素质的创新型人才,能否创造高水平的教学和科研成果以及是否有与课程建设相配套的高效、科学的教学管理体制和激励机制等,课程建设的质量对于建立学生合理的知识结构、能力结构和创新精神具有十分重要的意义。

第三节　高校教育质量监控管理体系

学校开展的各项教学活动是教学质量的一种动态体现,是学生在教师的引导下,系统学习科学文化基础知识和基本技能,确立科学的世界观、人生观和价值观,发展智力和体力,提高学生全面素质的过程。因此对整个教学过程实施质量监控,确保教学过程各个环节的有效运转,真正做到按教学自身发展的规律组织教学,运用科学的方法管理教学,调动全体师生在教与学当中的积极性、创造性,实现教学管理科学化、民主化、现代化是非常重要的,通过监控体系的建立与实施,能够不断提高高校的教育教学质量。

一、我国高等教育质量保障体系的发展

教学质量保障体系是指学校以提高和保证教学质量为目标,运用系统的方法,依靠必要的组织结构,将学校各部门、各环节与教学质量有关的质量管理活动组织起来,将教学和信息反馈过程中影响教学质量的一切因素控制起来,形成有明确任务、职责、权限、相互协调、相互促进的教学质量管理的有机整体。

高等教育质量保障体系随着评估内容的调整发生了新的变化,如在质量保障的主体方面,已由过去单一的政府主导变成了自我评估,由过去的政府直接参与学校管理变成了政府只起宏观调控的服务作用,同时积极鼓励社会团体等中介机构参与、监督学校的教学质量评估,充分调动了高校的自主性、积极性。保障的主体变得多元化,即实行了政府宏观调控、社会参与监督、学校自主管理的保障模式。评价标准方面,由过去注重学术、学历较单一的标准向现在注重实用的多元标准转变;评价手段转向全面,如采用了课堂评宿、学校领导听课、同行评估、学生评估、教学督导评估等手段,以全面提高高校的教育教学质量。

二、重构教学质量监控的过程管理体系

高校教学质量的主要影响因素分为硬件与软件两方面,硬件方面主要是教学设施条件,软件方面主要有生源质量、教师的教学水平、学生的学习水平、校风、教学管理水平等。其中教学质量管理在学校现有办学条件下起着非常重要的作用,其重点是对教学的全过程进行有效的教学质量监控。在新形势下,采取一系列措施再造与重构教学质量监控过程管理体系并付诸实践,对于全面提高教学质量起着关键的作用。

(一)基本原则

1.目标原则

教学质量监控与保障的目的是保证完成教学任务,实现培养目标,其

任务就是发现偏离于计划目标的误差,并采取有效的措施纠正发生的偏差,从而确保教学任务与培养目标的实现。

2. 全员性原则

教学质量离不开全体师生员工的共同努力,人人都是质量监控与保障系统中的一员,其中学生是主体,教师是主导,系(部)、教研室是基础,职能部门是核心,院系领导是保证。

3. 系统性原则

教学质量涉及教师、学生、教学设施等多方面,同时与学院办学定位、培养目标和管理等密切相关,是一个系统共同作用的结果。由学院、职能部门、系(部)、教研室和学生班级等构成的一个多层次、纵横交叉的网络,是一个完整的教学管理系统。

4. 全程性原则

教学质量主要是在教学实施过程中形成的,质量监控与保障系统应能对教学的全过程进行监控,要做到事先监控准备过程,事中监控实施过程,事后监控整改过程。

(二)目标与保障措施

1. 目标

构建教学监控与保障体系,重点是建立和完善科学、合理、易于操作的评估高校本科教育教学管理研究与进展指标体系与相应的奖惩制度。通过教学质量的动态管理,促进学院合理、高效地利用各种资源,保证教学工作的正常运行,全面提升学院教学质量。

2. 保障措施

(1)组织保障

确保教学质量保障与监控体系的正常运行,充分发挥全员性原则,建立校院两级组织机构,形成"专兼并举、主辅结合"的管理队伍,形成管理合力。

(2)制度保障

使各项教学管理工作制度化、科学化、规范化和现代化,保证教学工作有序进行以及促进教学质量不断提高,系统地建立一套较为完整的管理规范体系,使整个教学活动有章可循、规范有序。

(3)经费保障

促进教学质量不断提高,在教学设施建设、专业建设、课程建设、师资队伍激励等方面按照建设与发展要求给予经费支持。

(三)教学质量监控与保障体系的构成

教学质量监控与保障体系由教学质量决策、教学质量监控、教学质量实施、教学质量信息收集、教学质量信息反馈五个子系统组成,它是一个逐层向下监控、逐层向上负责的"责权合一"的质量管理系统,而教学工作的组织、安排责任在学校及各相关学院,教学环节的设计与实施的责任在于教师。

(四)教学质量监控与保障体系各子系统的功能

1.教学质量决策系统

教学质量决策系统由主管教学校长负责的教育教学建设委员会组成,通过教育教学建设委员会等组织开展教学决策活动,负责对教学工作进行宏观指导与管理,审定各教学环节的质量标准,协助协调各院(系)、职能部门按照基地的发展定位、办学理念和人才培养目标,制定高校教育教学改革与发展规划,制订条件建设计划。

2.教学质量监控系统

教学质量监控系统由学院(系)党政一把手负责的院级领导小组组成,通过制定一系列规章制度,激励广大教师开展教学工作,负责组织学院(系)教育教学建设委员会委员、教学督导专家、管理人员及学院(系)聘请的其他人员,对教学工作各个环节进行质量巡查,开展教学工作状态监控,实施质量评估。

3.教学质量实施系统

教学质量实施系统由教学副院长(主任)负责的教学质量保证系统组成,负责落实学院(系)教学工作的中心地位、落实授课教师教学任务、推进教学内容与课程体系改革、做好专业、课程、教材、现代化教学手段建设等工作;配合学院(系)完成对各教学环节教学工作的状态监控和质量评估。

4.教学质量信息收集系统

由院(部、系)教学副院长(主任)负责的教学质量信息收集系统组成，包括教师评学、学生评教。通过各种方式、广泛收集各级各类人员和学生对教师课堂教学效果的评价意见；对教风学风建设、教学改革的有关建议；对实践教学环节，尤其是对毕业论文(设计)的意见和建议等。汇总、处理各类意见和建议，及时反馈给相关学院、授课教师、学生班级和学生管理部门等。

5.教学质量信息反馈系统

由院(部、系)教学副院长(主任)负责反馈教学状态及质量测评结果，信息及时到位，问题、责任到人，发现问题限期整改。对于通过教学检查、质量抽查或其他渠道获取的教学信息，通过文件、报告、简报或校内媒体等方式及时发布给有关教学单位和部门，召开教学信息反馈会，督促教学问题尽快解决。

(五)教学质量监控的主要环节及实施要点

1.专业建设

专业建设的主要监控点为人才培养目标，人才培养方案的制定、执行与调整，专业办学水平与特色，课程体系建设等方面。

2.课程建设

课程建设的质量监控主要从建设目标、实施计划、课程师资梯队、特色创建、改革成效等方面进行评价。

3.教学大纲的实施

教学大纲是进行教学管理、教师组织教学的主要依据。对教学计划、教学大纲实施情况的监控主要从课程安排情况、教学计划落实情况、实验课开设情况、实践环节的落实情况、教学大纲编写、教材选用、学生考试情况等方面进行评价。

4.课堂教学

课堂教学是教学质量的核心环节。主要从课前准备、教学过程、课外作业与辅导、成绩考评等方面实施监控，包括备课是否充分、教案是否完整、教材是否恰当;讲授是否清晰、概念是否准确、内容是否更新、重点是否突出、是否启发思维、是否因材施教;课后作业与辅导是否到位;学生课程学习成绩考核是否科学、合理等。

5.教材质量

对教材质量的监控主要从教材水平、使用效果等方面进行评价。

6.实践教学

实践教学监控主要考核创新科研实验平台的内容与体系改革,实践计划、执行及效果。

7.毕业设计(论文)

毕业设计(论文)监控主要从选题性质、难度、分量、开题、中期、答辩、综合训练度、指导教师资格与水平及精力投入,学生学习态度、实际能力、设计(论文)质量、规范度、基础理论与专业知识、学术水平等方面进行评价。

8.教学效果

教学效果监控主要从讲授质量、教学方法运用、教学手段的使用,教书育人、因材施教、学生学习课程知识的情况,考核试题与评阅质量等方面进行过程监测和事后评价。

9.教学改革

教学改革一方面着重于教学管理、教学内容与课程体系、人才培养模式、实践教学、文化素质教育等方面的改革成效;另一方面侧重于教学内容的改革、教学方法与手段的创新、多媒体课件的开发,争取教改项目的积极性,推出教研成果,编写并出版高质量的教材或教学参考书。

三、高校教学督导现状及其队伍建设

提高人才培养质量,健全质量保障体系,进一步明确了教学督导的性质定位,规定了教学督导的使命和作用,为教学督导工作带来了新机遇的同时也提出了新的要求,使教学督导工作面临着一个新的转折期。

教学质量是学校的生命线,加强教学管理,建立行之有效的评价与约束机制,构建合理的教学质量监控与保障体系成为高校十分关注与亟待解决的重要工作,教学督导体制作为教学质量监控系统体系的重要子系统,也成为教学管理改革与发展的必然趋势。

教学督导是高校对教学质量监督、控制、评估、指导等一系列活动的总称,目前主要的工作方式是通过对教学活动全过程和教学管理进行检查、监督、掌握情况、总结经验、发现问题并及时分析指导,从而保证教学质量的提高。

(一)教学督导的现状

1.教学督导的制度保障与运行机制方面

随着高等教育改革的不断深化,高校教学质量的竞争越来越激烈,许多高校为提高其核心竞争力,先后建立了校、院(系)两级教学督导制度,一般情况下这些督导机构都是在主管教学副校长的领导下开展工作,按照国家教育方针、政策和学校的规章制度,以专家身份面对校内的教与学双方和教学过程,对影响高校教学质量的各种因素进行监督、检查、评估、指导等活动。多数高校制定了专门的教学督导文件,以保证教学督导工作有章可循,对教学督导的职能定位、职责及人员组成做出了界定。

大多数高校教学督导机构有两种模式,一种是由校长或者主管教学工作的副校长直接领导下的独立部门,与教务处平行没有隶属关系的教学督导部门;另一种是挂靠在教务处或高教研究所,或是教务处下属的一个科室、督导组。第二种模式占较大比例,督导组可以较方便、及时地获取信息。

2.教学督导的工作职能与工作方式方面

教学督导人员参与各教学单位的教学检查,推动了二级学院教学管理的不断完善与健全;教学督导人员通过课堂教学督导与教师专项培训活动,促进了青年教师快速优质地通过教学关,提升了师资队伍水平;督导人员参与精品课程、建设与评估,推动了学校课程体系、教学手段与方法的改革;督导人员参与教学评估、专业认证、教学评估等工作,推动了学校学科专业建设,使学校的教学水平与质量不断提升。

(二)强化教学督导工作的措施

1.构建健全的督导制度体系

(1)确定合理的督导模式

随着普通高校教学工作合格评估的开展,各高校应以促进教学质量的提高为重心,以发现问题为前提,以改革教学环节为途径,重新定位教学督导工作,重构与教学合格评估相结合的校、院二级督导管理机构,在二级学院成立院级督导小组,教学督导工作重心下移,进一步强化各学院的自我质量监控功能,充分调动二级学院的积极性,发挥各学科专家在各自专业方面的优势,使督导工作更有针对性与实效性。

(2)健全教学督导体系

进一步明确督导人员的责、权、利,提高教学督导在质量监控体系中的地位和作用,强化其督导功能。

2.督导与服务相"融合"

"导"是教学工作的重点内容,"督"是为了更有效地"导",以"督"为辅,以"导"为主,二者相融合才能使"导"具体到位,使"督"得到延深和落实。督导人员要通过对教师工作的"督",了解和掌握教师工作的不足,帮助他们解决教学中出现的问题,改革教学方法与手段,提高教学技能;督导人员要挖掘教师的潜能,帮助他们总结经验,养成个性化的教学风格。同时,校院两级管理部门要定期组织召开督导工作会议,听取建议、梳理信息,解决督导中存在的问题,帮助督导人员提高工作效率与督导水平,以便更好地服务教学工作。

3.构建"三督一体"督导内容体系

教学督导的内容包括督教、督学和督管三个主要环节。督教是对教学环节的监督检查,因此大部分高校较重视督教。督学是对学生学习活动过程的检查与指导,学生是体现学校教学质量的载体,是教学督导的重要对象。督学的内容包括学生的"三观"、思想政治觉悟、学习自觉性等德智体多方面;通过督学促进学生自我控制、自我管理,提高学生的综合素质。督管是对教学管理人员的检查指导,一方面,学校要对教学管理人员的工作进行检查评议,保证教学管理部门最大限度地履行其教学管理职责;另一方面,学校要对教学管理人员进行系统的教学管理知识培训,提高教学管理素养和能力。可见,只有构建"三督一体"的督导内容体系,才能真正全面、高效地发挥教学督导的作用。

4.加强督导队伍的专业化建设

国外历来重视督导人员的整体素质,督导人员精通教育理论、教育管理与教学实践。建立一支专兼职相结合,专业、年龄结构合理,素质良好的督导队伍既是高等教育教学改革与发展的需要,也是高校提高教学质量的必然要求。高校要加强督导队伍的专业化建设,加强督导队伍的专业结构优化,要求督导人员具有专业知识、专业技能和职业道德;建立有效的教学督导人员培训机制;明确其职责与职权;加强其理论与技术研究,提高督导工作水平。

综上所述,教学督导作为一项保证教学质量的有效手段,在教育决策的制定、教学管理的规范和教学质量的提升等方面发挥了积极的作用,高校的教学督导系统能否顺利构建及优质运行,其关键取决于是否具备一支高素质的督导队伍。

四、高校教学评估对质量保障与监控的考察

(一)教学工作水平评估考察要点

教学工作水平评估对质量监控的考察包括三个主要观测点,分别从教学规章制度的建设与执行、各主要教学环节的质量标准和教学质量监控三个方面进行考察。

(二)"教学规章制度的建设与执行"考察要点

学校教学规章制度的建设和教学管理文件要完善,学校文件要体现先进的教学思想,积极采用先进的管理技术,采取措施确保各项规章制度的执行。

(三)"各主要教学环节的质量标准"考察要点

学校要制定各个环节的质量标准,没有质量标准就无法评价各教学环节的质量,教学质量是多层面、多样化的。主要教学环节包括理论教学、实践教学(实验、实习、社会实践、课程设计、毕业论文或设计等),质量标准是为达到目标、水平和要求而制定的规范性文件,标准应具有目的性、规范性、可操作性,质量标准要符合学校的定位、人才培养目标和规格,课程建设、专业建设也都应有相应的质量标准,教师的教学工作也应有相应的工作规范,考核时除要求提供一系列质量标准文件外,还要考核标准的执行情况。

(四)"教学质量监控"考察要点

建立自我完善、自我约束的教学质量(含实践教学)监控与保障体系是教学质量控制的重要保证。教学质量监控与保障体系包括六个环节:一是确定目标;二是建立各个教学环节的质量标准;三是信息与收集(包括统计、检测);四是评估(建立学校评估机制);五是信息的反馈(收集的信息要反馈);六是调控,这几个环节构成了教学质量监控体系。

此处特别强调一下毕业设计(论文)环节的规章制度,包括毕业设计(论文)所要达到的教学目的、选题原则、指导教师的资格等,其体现了不同专业特点的质量标准、评分标准、答辩成绩等。

考察内容包括教学检查与评估的材料,教学督导、领导干部听课制度、听课记录,每年有关教学通报及处分决定等。

(五)教学工作合格评估考察要点

1."规章制度"考察要点

规章制度重点考察教学管理文件的完备性,教学基本文件(教学计划、教学大纲、学期进程计划、教学日历、课程等)的科学性,教学管理流程的清晰性,教学运行的有序性,执行制度的严格性和有效性。

2."质量控制"考察要点

质量控制主要考察教学质量监控体系的六个环节:培养目标的确定;

各个教学环节的质量标准的建立;教学信息的收集(包括统计、检测);学校自我评估制度的建立;信息的反馈(收集的信息要反馈);调控。重点考察教学质量监控的组织机构、队伍构成、监控措施,信息处理和反馈通道,考察中可以查阅教学检查原始资料及学校教学年度质量报告等。

(六)教学工作审核评估考察要点

1."教学质量保障体系"考察要点

该部分包含四个审核要点,建设时应注重确定人才培养目标和质量标准,有相应的人、财、物等条件的保障,有组织保障机构,有效开展自我评估和质量监控,及时收集教学信息,及时反馈信息,调节改进工作,考察时首先关注学校是否建立了科学合理的各专业人才培养方案,是否建立了理论教学、实验教学、实习实训、毕业设计、考核等各主要教学环节的质量标准。其次关注学校是否有质量保障的组织机构,是否有满足要求的质量管理队伍。最后关注学校是否建立了完善的教学管理制度,并有效落实。

2."质量监控"考察要点

质量监控是质量保障体系最重要的内容之一,考察时要关注学校是否建立了完善的教学质量管理制度和教学质量监控机制,是否对主要教学环节的教学质量实施了有效监控;是否建立了一支高水平的教学督导队伍,是否对日常教学工作进行了检查、监督和指导;是否建立了完善的评教、评学制度;是否定期围绕人才培养工作开展了自我评估,包括课程评估、专业评估和学校二级学院(系)评估等,特别是教师和学生对教学工作的评价,是否注重学生学习效果和教学资源使用效率的评价,是否注重用人单位对人才培养质量的评价,以此让二级院系和每位教师知道制度,充分发挥制度的作用。建立激励机制以调动广大教师内在的教书育人的积极性,提高教学质量,在规范制度建设与实施的基础上,重点关注激励制度的建设与实施。

3."质量信息及利用"考察要点

质量信息及利用包括三个考察要点:校内教学基本状态数据库建设

情况,质量信息统计、分析、反馈机制,质量信息公开及年度质量报告。质量信息的统计、分析与反馈是质量保障体系有效运行的重要保证,该要素重点考察学校校内教学基本状态数据库的建立,教学状态信息定期更新情况;常态监控信息和自我评估信息的统计分析,分析结果反馈和工作改进情况。

4."质量改进"考察要点

质量改进包含两个考察要点,即质量改进的途径与方法和质量改进的效果与评价。质量改进是针对目前教学质量存在的主要问题、薄弱环节和未来可能出现的问题,采取有效的措施纠正与预防,实现持续改进质量的目的。它是教学质量保障体系的重要环节,重点考察学校是否有负责质量监控的组织机构,推动改进工作;是否有经费和政策保障质量;是否有推进质量改进的途径和有效方法,使改进工作得以落实,使质量保障体系能够完整有效地运行,形成质量保障的长效机制。

第三章　高校教育教学管理的实施

第一节　高校课程管理

高校课程建设是学校教学基本建设的重要组成部分,是提高教育教学水平和人才培养质量的关键,它对高校的教育质量有着举足轻重的影响。近年来,国家狠抓教学内容、课程体系和教学方法的改革及教学管理,对高校课程建设提出了要求,以提高高校的教学质量。

一、高校课程管理的意义

高等教育在各种力量的影响下,一直处于改革中,高等教育体制改革是其中的重要内容。但是高等教育体制改革对高校的课程、教学实践,尤其是课堂实践的触动甚微,因为高等教育体制改革的焦点是决策权和权力归属,对高校课程、教学不产生实质性的影响。要提高高校课程、教学的质量,就需要课程管理来解决,而高校课程管理又是一个亟待开拓的领域,高校课程管理意识的淡薄与高校课程改革、人才培养模式的转变和教学体制改革的实际产生冲突,进行高校课程管理研究具有深远的理论和现实意义。

第一,课程管理不仅是一个研究领域的开拓,而且是课程理论研究的逻辑发展,还是课程理论的自我完善。课程理论要走向成熟,要先解决课程理论中的课程开发、设计、评价等基本理论问题,随着课程理论改革的深入,课程管理问题就必然要提到议事日程上来,课程管理与整个课程领域的问题及其他问题都相关,重视课程管理的作用和研究也是课程理论自身发展的要求。

第二,高校课程管理研究是高等教育管理研究的必要补充和突破。高等教育管理的研究与高校课程管理的研究在总体指向上是一致的,都是为了更好、更有效地实现培养所需的人才,更好地满足高校与社会的要求。高等教育管理学已成为一门独立的学科,其主要内容是高等教育体制、教育方针政策、高等教育领域、教育经费以及高校内部管理中的学校组织、人事管理、教学管理、后勤管理等,而高校课程管理涉及的问题具体得多,如课程标准的制定、课程实施过程的监控及管理机构的设立权限、职能的规定,它们都是具体的工作。高等教育管理学涉及的是整个高教管理领域的问题,它能提供的是止于各种问题的原理的内容以及对高等教育管理的分析框架,它的一般理论特性使其不能对像课程这样的特定领域做出直接运用,而且由于高等教育管理学的研究范围的限定,其不能对课程管理的问题做出详细的讨论。所以,正像教育理论不能替代对高校课程管理的研究一样,开辟高校课程管理的研究领域就非常切合理论与实际。

第三,高校课程管理研究促进了高校管理观念的转变与确立。高校的管理运行机制长期习惯于自上而下的行政控制与管理,学校的设置与发展规模,学生的培养要求等都是由国家计划限定,这种无竞争又无淘汰的运行状态极大地限制了高校自我发展的能力。高校课程管理理论的建立要以课程评价、课程设计等理论为基础,以人员管理、机构调整等观念的转变为前提。高校课程管理领域的开拓会推进高校管理观念的转变,从而促进新领域的确立。

第四,课程管理研究可以促进课程行政的顺利转轨。课程管理研究内容的变化会使课程管理体制做出相应的变革,课程行政转型之后,又可以使学校课程管理更加灵活有效,有利于调动中央、地方和高校三方面的积极性;有利于中央、学校课程管理各司其职,明确权限,提高课程管理水平。

第五,课程管理可以使高校课程改革健康、顺利发展。课程改革是整个教育改革的突破口,课程改革是教育改革成败的关键。课程改革是一个系统的过程,其组织、实施、评价和推广等需要课程管理的介入。

二、高校课程管理研究的现状

(一)课程管理研究的内容

1.课程管理的研究课题

课程管理研究处于起步阶段,明确课程管理领域要探讨的问题显得十分必要。课程管理的工作内容有几点:关于课程标准的工作;关于课程编制的工作;关于课程实施的工作;关于整顿课程实施条件的工作;关于课程评价的工作。课程管理的理论框架有几点:课程的标准与编制;学校的教育计划与课程编制;教授、学习的系统化;设施、设备、教材、教具的管理;课外教育与课程;教育决策与评价。可见,课程管理研究主要集中在课程管理体制、过程和技术手段等领域。

2.课程管理体制研究

关于课程管理体制的类型,国内研究较多的是课程管理体制方面。在改革过程中,首先,要将课程管理权作合理分解;其次,应采用并行和渐进策略,促使课程管理体制顺利过渡;最后,要吸取板块型和蛋糕型的各自优势,提高课程管理体制的科学化。

3.课程管理过程研究

课程运行的管理包括组织力量,强调在对课程环境调查研究的基础上进行规划决策,具体包括:确定课程目标,设计课程结构,选择教学内容等,在课程实施阶段,要通过组织、协调、控制等一系列手段,使课程资源得到充分有效的利用,以便取得最优的课程效果;通过对课程实施结果的评价,找出结果与目标之间差距,对决策过程和实施过程进行修改、校正,使课程系统最大限度地接近课程目标。

4.高校课程管理研究状态

高校课程管理是以高质量的人才产出为旨归的,具体应以时间、空间、资源、组织、程序、成果这样六个课程维度来设计、管理学校课程,开发出富有创造性和协调的课程模式,更好地达到学校的教育目标。

课程管理体制研究是课程管理研究的关键所在,因为研究课程管理体制必然要研究课程管理机构设置、权力归属、人员配备;各机构如何对课程实施进行调控,使用何种手段,遵循什么样的规章制度去实现教育和国家的目的,所以,课程管理体制的研究为我们研究课程管理提供了完整的实际框架。

高校课程管理体制是高校课程管理机构和课程管理规范的统一体,它是整个教育管理体制的一部分,包括课程的行政体制和高校内部管理体制。课程管理体制主要涉及的是课程行政和校内课程管理机构的设置、职责权限的划分及其制度,高校课程管理体制本是静态的,它对具体课程管理活动的影响通过课程管理机制进行,课程管理机制指课程管理的各级机构、人员与课程的关系和运转方式,课程管理体制各部分的存在必然要求解决如何协调各个部分之间的关系和如何管理课程的问题,即机制问题,而协调各部分之间的关系是一种具体的运作方式,体现在课程管理活动之中。因此,为了更好地说明课程管理体制的运行,我们在课程管理体制的论述中加入了课程管理活动的内容。

(二)基本概念的界定

1.高校

高校是高等院校的简称。高等学校泛指对公民进行高等教育的学校,是大学、学院、独立学院、高等职业技术大学、高等职业技术学院、高等专科学校的统称,与大学词义相近。高等学校主要分为普通高等学校、职业高等学校、成人高等学校。高等学校以"育人"为根本任务,是由高等教育历史逻辑和理论逻辑发展决定的。高等学校的发展史就是高等教育基本功能的丰富史,但"育人"始终是基本功能中核心和根本的内容。

2.高校课程

课程是一个使用频繁,但定义很难统一的概念。高校课程指按社会的、学术的和个体的目的提供的有计划、有组织的学习机会。不论存在多少种课程定义,其核心仍然是对值得传授的知识形态的界定,然而高校课程并不只是学科、经验和目标,虽然学科提供了教育的知识核心,学生获得的是经验,目标对课程计划很重要。课程应该是手段与目的一体的,在课程中应突出学生的主动参与,尤其是在高校课程高度专业化和高校学习自主化的特点下更是如此。将高校课程界定为有计划的系列学习机会,就包括了学科课程、经验课程和目标,更为重要的是学习机会可以描绘出学生获得意义的学习情境,这就摆脱了课程与教学、潜在课程等的混淆,而且一切互联网、社团活动在教育意图下都可以纳入高校课程,这样,高校课程就显得完整有致了。

3.高校课程管理

政府和高校对学校课程目的、内容、程序、教学方法和评估的决定及实际措施既包括国家行政对高校课程的控制与影响,又包括高校内部对课程的调节与控制,所以,高校课程管理体制与课程管理活动都涵盖行政调控和学校内部管理两方面的内容。

三、我国高校课程建设的改革与实践

为促进教学课程建设整体水平的提高,推动优秀教学资源的共享,有效推进教学信息化进程,教育部相继启动了网络课程和精品课程建设工程。在高校课程建设过程中,教育部根据课程建设的实际发展情况,适时出台相关指导性文件,从政策上保障各级教育管理部门及各高校顺利开展网络课程和精品课程建设,稳步提高教学质量。

随着国家政策的出台,各大高校踊跃建设并申报国家精品课程,多所高校根据相关文件精神的要求,先后制定了本校的精品课程管理办法,分别从精品课程的“五个一流”的要求出发,从课程建设的指导思想、申报程序、管理机制、验收标准等方面明确了课程建设的框架。

第一,课程体系建设。结合课程性质和专业特点制定科学的建设规划,确定课程建设特色和定位,明确课程建设目标。

第二,优化整合教学内容,打造立体化精品教材建设。课程内容是精品课程建设的重要层面;教学内容的实用性、前沿性和创新性是衡量课程优劣的重要指标;在纸质教材的基础上,通过电子教案、电子课件等多种方式完善现代化呈现方式能更好地展现教学内容,使教学内容更容易被受教育者认知。

第三,注重教学方法和教学手段的改革。协调传统教学手段和现代教育技术的应用,形成多元化、立体化的教学方式。教学中灵活运用多种教学方法,积极开展启发式教学,引导学生独立思考,促进学生学习能力的发展。

第四,突出实践环节,在实践中培养学生的创新能力和思维。实践是应用理论知识,培养创新意识和能力的平台,在教学中注重培养学生理论联系实际、提出问题、分析问题和解决实际问题的能力,特别是与科学技术的发展相适应的综合能力。

第五,切实加强教学队伍建设,建立新教师的培训和培养机制。师资队伍建设是实现课程良性发展的基础,实施教师培训和技能训练等举措,保证课程教学团队的可持续发展。

精品课程建设的目的是实现精品课程与现代信息技术的广泛结合,通过开发网络教学资源,构建网络教学体系,创建开放式、资源丰富的教学网站等形式,实现学生的个性化学习和研究式学习,培养学生的自主学习能力和创新学习能力,构建一种以学生为主体、以教师为主导、以培养学生能力为目的的新型教学模式。要保证精品课程建设的可持续发展,发挥精品课程的示范辐射作用,实现优质教学资源的共享利用,现代教育技术手段的合理运用也是精品课程建设的一项主要内容。要使用网络进行教学与管理,相关的教学大纲、教案、习题、实验指导、参考文献目录等都可在网络上免费开放,鼓励将网络课件、授课录像等在网络进行开放,实现优质教学资源共享,带动其他课程的建设。精品课程的申报评审也采取了网络的方式进行,要求申报课程必须建立教学网站,为此,各个高校和广大教师都积极开展了精品课程平台建设及课程教学网站制作工作,已建成的精品课程网站包括两项功能:对外是向其他院校提供共享的一个课程资源网站;对内是日常教学工作的网络辅助教学或全程网络教学网站。目前,多数精品课程网站是依托学校的网络教学平台来搭建,主要包括精品课程申报网站建设和课程网站建设两个方面的内容,申报网站按照评审要求提供课程介绍、教学团队等相关信息;课程网站则通过多媒体课件、课程录像视频、在线测试和交流论坛等形式为学生提供一个良好的学习平台。从教学内容、网页制作、网站导航等方面整合现代化资源和教材,充分利用多种媒体技术,将文字、图像、声音、动画、影像等多种媒体综合起来,展示参考资料、授课录像、题库、习题等课程内容,构建多种媒体资源优势互补的、支撑网络教学的立体化资源,能更好地辅助课堂教学,从而有效提高教学效率和质量。

为进一步推进高水平网络课程的建设,促进网络教育资源的整合与共享,推动网络教育的发展、改革和创新,提高网络教育教学质量和人才培养质量,教育部高等教育司开展了网络教育精品课程建设与申报工作,网络教育精品课程的评选推动了网络课程的快速发展。

以课程整合提高教学质量为目标的课程群建设日益得到高校的重视,高校积极开展了课程群建设的实践与研究。通过加强课程的整合性、综合性建设的探索,从而推动了专业课程的全面优化整合,深化了高等院校课程体系建设和课程改革,实现了教学资源的优化配置。

四、我国课程建设

精品课程、网络课程和课程群建设作为国家课程建设的主要表现形式,三者存在密切的联系。精品课程的成果以实现课程资源的网络共享来体现,网络课程是以精品课程的评选来展示建设成效,而课程群建设的一个主要目标就是要把群里的一门或若干门课程建设成省级以上的精品课程。因此,精品课程建设作为国家质量工程重点建设的项目,在课程建设中起着导向和示范作用,精品课程的建设水平影响着网络课程、课程群的建设与发展。

（一）网络课程开发重资源设计轻功能应用

目前,大部分网络课程教学内容的呈现方式多为简单的网页呈现形式,将主讲教师的 PPT 讲稿和讲课录像等授课材料通过专业的软件,如 PowerPoint、Flash 等开发工具进行网页转换制作。从内容上看,大多是课程讲义的延伸或者是课程大纲条目的罗列,由于我国的网络学院和网校开设的课程齐全,因此课程内容较多注重的是基础性知识的传递。从形式上看,教学内容的表现形式多以静态方式展现;从功能上看,基本上都能提供大同小异的课程内容,包括一些学习资源、疑难问题讨论及解答、相关知识介绍等,对于网络学习者来说,他们需要相关知识的电子图书馆式的资源库,而现有的网络课程仅仅是简单列出网址或者根本没有提供相关资源链接;从教学效果上看,网络课程仅仅给学生提供了一些学习资源,网络课程设立的初衷就是为了使课堂教学延伸到课外,为了将更多的教学资源组合优化,改变原有的单一教学模式,提供加强师生间、同学间、教师间的交流沟通平台。

（二）课程群界定对建设效果的影响

在当前高校教育改革、质量工程和教学评估的背景下,课程整体水平得到提高,课程模块得到优化,最终达到质量工程的要求,实现人才培养质量的提升,需要一个实践—认识—再实践—再认识的过程。经过多年来的建设和评审,国家课程建设的总体水平得到了普遍提高,精品课程资源已经具有了相当的规模。

课程建设是一项集学术、艺术为一身的现代教育改革工程,它需要在思想上认识课程建设的重要作用、地位和意义,在制度上形成良性机制与有力保障,在管理上应用现代化手段,在理论与实践上进行不断研究,并要得到各项配套工程的支撑,通过课程建设促进师资、教材、管理机制的改革,并最终通过系统优化创新人才培养模式,着眼于学生综合素质的提高,让学生学会思维,学会学习,学会运用和创造,从而培养具有强烈竞争意识和创业精神的高素质人才。

五、我国高校课程管理体制的改革与构建

我国高等教育正在从精英教育向大众教育转变,为了使高校课程更好地为培养人才服务,满足社会各方面的要求,对于高校课程管理,政府提出了相关的政策,各利益团体也提出了各自的要求,怎样构建一个良好的高校课程管理体制就成为迫切的问题。

(一)中央政府对高校课程管理体制的改革

我国自高校形成以来,实行的就是中央统一的课程管理体制,由中央政府对高校课程做统一规定和管理。而且,比较各国课程管理体制可以认识到,一种课程管理体制经过改造建立后,会成为本国组织管理文化的一部分,按本国社会和体制的逻辑向前发展。我国地区差异极大,高校课程管理体制的改革需要强有力的政府做支撑,这些都要求我国需继续实行中央统一的课程管理体制。

1. 国家立法

高等教育法律是国家控制学校课程的依据和必要手段,法律一经颁布就具有强制性和稳定性。强制性意味着法律由政府强制执行,使得法律意识得到被管理对象的服从;稳定性指法律一经颁布就具有持久性,法律的稳定性可以制约政府的高校课程管理行为,使高校课程受政府的行政干扰较少。国家不仅要制定健全的法律,而且要不断针对高校课程管理的新问题制定相应的法律。

2. 高校课程管理制度的建立与变更

制度的建立是指确定政府、高校及有关机构之间的权力、职责和隶属关系,形成有效运转的体制,更好地实现国家意图和高校的目标,从而更好地实现国家的整体利益。制度一经制定不可能一成不变,高等教育的发展必然要求重新分配各部门、各单位、各职务之间的权责,甚至取消一些单位或部门而新建一些机构,通过制度的变更以增加政府、高校的课程效能。政府在高校课程管理制度的建立与变更过程中应发挥主导作用,

即政府在将高校课程管理权重新分配,扩大高校自主权,增强政府的宏观调控功能,并形成相应的机构设置,确立相应的规范中承担主要的调节任务。

3.提供经费

提供经费是国家控制高校课程最常用的手段。高等教育事业日益扩大,高等教育经费也迅速膨胀,世界各国出现不同程度的高等教育财政危机,给高校带来了比较大的冲击。为使高校的功能得到正常发挥,政府应该继续承担提供经费的主要责任,不断增加拨款,同时鼓励资金来源的多样化。政府除提供大量无条件的日常经费,还可以通过提供一些有特别规定的经费来影响高校课程,如为国家急需学科设立基金,提供特定科研经费,设立重点教学改革项目,重点教材建设项目等。

4.信息、咨询、评估等服务

国家教育部门可以协助支持或从事研究和开发工作,搜集统计资料,将其发现或成果提供给社会大众、教育政策制定者、实际课程工作者,使高校课程管理工作做得更好。由国家组织有关社会组织对高校课程进行评估,健全评估体系,或者对高校课程管理提出要求、建议和展望,发挥其支持、认同的作用,这些组织都可以逐步转化成民间性专业协调机构。

(二)省、直辖市对高校课程管理体制的改革

我国高等教育体制改革的明确趋势是实行中央与省级政府两级管理,中央主要负责大政方针、宏观规划和监督检查;对地方所属高校的具体政策、制度的制定、计划的制订和实施以及对学校的领导和管理,责任和权力均交给地方,进一步加强省、自治区、直辖市对设在本区的国务院各部门所属高校的协调作用。

省级高校课程管理是实现中央简政放权,院校地方化和大众化,是高等教育课程管理的重要力量。因此,要完善高校课程的省级管理体制应该做到以下几点。

第一,建立、健全省级课程管理法规。省级高校课程管理权限必须有

法律依据才能得到保障,同时,通过法律规定也明确了省级课程管理的权限。

第二,改变过去的以单一的行政手段干预高校课程的方式,综合运用统筹规划、政策引导、拨款控制、信息服务、执法监督、检查评估等多种手段,实现课程宏观管理的目标。

第三,完善省级课程管理决策系统。一是成立由政府人员、学校管理人员和有关专家组成的高校课程管理的协调机构,对省高校课程管理政策等问题进行审议。二是成立以专家为主的教学质量评估组织,对高校课程实施质量进行监督。三是省教育厅高教处应在处理高校课程、教学等业务方面安排人员,由他们结合前两个组织及省政府的领导,承担课程管理的业务职责。当然,他们对课程的管理也是以宏观为主。

(三)学校内部的课程管理体制改革

高校课程管理就内部机构设置而言,校、教务处、院系三级机构比较合理,这三级机构主要是行政管理机构,作为完善的校内课程管理体制还应该设立负责审议、咨询或决策的专业性机构和团体,后者在我国高校内部的课程管理体制中是相对缺乏的,需要建设的是校内课程管理的监督、审议机构。目前的高校学术委员会对专业的设置具有审核的权力,应该在校学术委员会之下设立各专业的教学委员会,结合院系的学术委员会和教研室,吸收更多的专业教师对课程的开发、实施系列过程进行的评议、调节和建议。

高校课程管理体制应该调整课程决定的权力结构,赋予高校教师更多的课程自主权力和责任。所有的课程计划或开发应给教师充分的参与机会,从课程的最初计划到最后课程的产出的整个过程,教师是参与的伙伴,教师的观点、建议应得到妥善采纳和处理,并在课程中体现出来。行政人员要改变控制一切的心态,鼓励教师控制教学过程,即在高校课程的编制、实施和评估反馈的循环中,扩大教师专业能力对课程的管理。

高校课程管理还有一个不可忽视的群体——学生,学生在课程等学术性事务中不占主导地位,但对课程的形式、时间安排和某些课目的设置有很大的影响,学生也是课程评价反馈的重要力量。因此,一方面应给学生更大的专业和课程的选择权,实行比较完全的学分制,使课程形式更加灵活,以适应和满足不同学生的需求。另一方面,应通过教务处、院系积极吸取学生对课程的要求、评价等反馈意见,使课程得以更好地改进。

第二节 高校教师管理

加强高校教师管理的理论研究和实践探索是非常重要和必要的,只有不断拓宽思路,寻找新的对策,才能切实提高教师队伍的整体素质,实现高校自身的健康发展,为国家输送更多的人才。我国高校的发展经历了从无到有、从小到大的过程,伴随着高校扩招的步伐,培养高素质人才,教师是关键。

建设一流的高校必须有一流的教师队伍,教学质量的提高核心在于教师,这已经成为人们的共识。为了加强教师队伍建设,高校的教师管理制度进行了持续的变革,从职称制度改革到目前推行的以聘代评,从传统的高校教师管理模式到现在推行的教师聘任制改革等,教师管理制度改革在一定程度上起到了积极的促进作用。

政府对高等教育不断加大投入,并出台了一系列政策促进高等教育的发展,高校教师管理的研究越来越受到重视,有关的研究文献数量也大大增加。21世纪初是我国教育改革和发展的战略机遇,人类真正进入了信息技术和知识经济的时代。我国高等教育事业得到了长足的发展,教师队伍面貌也发生了巨大的变化,其素质、结构、质量和效益都有了明显的改观。

一、高校教师管理改革的发展趋势

根据高校人事管理制度的发展需要以及国家下发的一系列文件要求,高校人事制度改革呈现以下几种趋势。

(一)在管理理念上由人事管理向人力资源管理发展

传统的人事管理重在对人的管理和事的管理,重在对人的人事档案和业务档案的管理,实质上是对教师进行身份管理。这种管理在效果上是一种静态的管理,视教师为成本,而人力资源管理重在对现有人员的开发和利用,同时注重队伍的重组和提升,视教师为资源。

(二)在管理方式上由静态管理向动态管理发展

现有的管理方式下,教师在达到一定的阶段后就没有了继续努力的动力,如评定终身的职称制度以及工资制度等。高校教师管理改革要求打破教授终身制,从而提高工作的积极性。

(三)在分配上由平均主义向差异分配发展

拉大差异、注重激励,有助于调动教师的积极性,符合教师间能力存在差异以及工作投入程度不同的现实。

(四)在制度上由身份制向契约制发展

在人员聘任上,打破原有的重身份、重资历、重级别的人事管理方式,科学设定编制和岗位,竞争上岗、择优聘用、合同管理可以强化竞争机制,使人力资源配置更符合事业发展的需要。

二、高校教师管理模式的改进

教师管理制度改革事关高等教育的全局,涉及教育行政部门与政府间的关系,涉及社会保障体系的完善,更涉及学校的发展和教师本人的切身利益。同时,高校教师群体又具有明显区别于一般人力资源群体的特殊性,这要求高校在制度设计方面不能将企业的管理模式简单套用,而要根据教师群体的特点有针对性地进行设计。在改革中,应该以治理为模式,形成视教师为资源的人力资源管理理念,从政校关系、决策制度、聘任制度、考核制度和分配制度等方面重新设计教师资源管理体系,加强对教师队伍的培养和激励,促进对教师资源的有效利用,同时还要充分认识校园文化在教师管理中的积极作用,建设具有独特风格的、和谐的校园文化。

(一)重建政府与高校的关系

政校分离是要明确行政部门的权力和职责。政府应从举办者、办学者、管理者三位一体的全能型身份中走出来,重点行使其督导职能和保障职能。政校分离首要的一点是要将高校与行政级别相脱离,校领导的任命应给予高校更大的自主权,由学校学术委员会选举产生,真正做到学术治校、学者治校。政校分离后,政府以及教育行政部门应重点做好高校的财政保障工作,应建立和完善财政制度,改革教育财政管理手段,从制度上保证高等教育发展所需要的稳定的资金支持,注重对资金分配和运用的科学管理,提高资金使用效率,同时,政府要充当中介和桥梁,扶持教育中介组织的建立和发展,推进各种捐款和捐赠制度的建立,加强企业和高校间的联系,广泛吸纳社会各界对高等教育的资金支持。

要继续大力推进事业单位人事制度改革,必须建立有效的社会保障制度。只有建立有效的社会保障制度,才能彻底解决高校人事制度改革中遇到的人事关系问题,才能使教师从"学校人"真正变为"社会人"。

(二)高校管理者要树立"以人为本"的管理理念

高等教育教学是根本,教学中教师是核心。在高校的教师管理中,要牢固树立以人为中心的现代管理新理念,追求教师资源管理的人本性,提升教师的归属感,同时将教师资源开发提升到第一的位置,使高校的人事工作能着眼于人力资源的开发,致力于人才的合理、充分利用;加强管理者现代管理理论的培训和提高,积极吸收管理学领域最新、最科学的研究成果,并将其运用到高校师资资源管理的实际中,做到人力资源管理方法的科学化、规范化、民主化以及管理体制的合法化和规范化,营造尊师重教的良好氛围,始终坚持尊重教师的意愿,了解教师的需求,最大限度地激发教师的积极性和创造性,使教师的潜能得到最大限度的发挥,实现高校教师管理过程中理性管理和人性化管理的有机结合。将管理职能转化为服务职能,为教师提供良好的发展空间,为教师消除后顾之忧,营造科学的发展平台,提升教师对学校的满意度,实现教师的满意与学校的可持续健康发展的最佳结合。

人本管理最重要的一点就是要宽容,有两个方面的含义:一是对待教师要宽容,要细心发掘教师的长处和优点,同时还要尊重教师个人的尊严、自我价值和个人的需要,要宽容对待教师在性格方面的特性,要经常了解教师对学校工作的意见,让教师参与学校重大制度与改革措施的制定中。二是对待教师的学术观点要宽容,学校特别是各学科的学术带头人要能够包容甚至是提倡多种学术观点的并存,要营造高校百花齐放、百家争鸣的宽松的学术氛围。当然,宽容不是放纵,高校教师资源管理需要有效的规章制度来规范教师行为。在负强化的基础上,更应该利用正强化效应,帮助教师尤其是青年教师制定自身的发展目标,并在教师目标的实现过程中实施有效的激励,使教师实现自我再造,充分发掘自身潜能,为教师向更高层次发展和更高价值的自我实现提供可能。

教师资源的管理应尽可能地由学院进行,学校层面主要负责宏观的督导与引导,其原因主要有以下三个方面。

第一,按照治理理论的观点,对人力资源的管理应调动全方位的力量,特别要发挥学院在教师资源管理中的作用。

第二,学院是学校学科建设和发展的主要承担者,更了解学科建设中对教师资源的需求,而根据发展目标进行有针对性的管理是现代人力资源管理理论的应有之义。

第三,学院更了解教师在个人发展中的需求,在管理中更能体现对教师的人文关怀。

(三)实行真正的教师聘用制,使教师做到能上能下,促进其合理流动

对高校来说,推行聘用制的主要目的是打破教师职务终身制,改变教师对学校的人身依附。在高校聘用制的推行过程中,难点是岗位怎么设,报酬怎么定,身份怎么转,合同怎么签,上岗怎么做,下岗怎么办,程序怎

么走，社保怎么定。在这方面，高校应该在弄清自身情况的前提下，借鉴国外的一些成功经验。

在高校教师聘任过程中，其中四点具有很高的借鉴意义：一是发挥审议机构的中介作用；二是制定完善的法律以及学校的规章；三是完善公开招聘制；四是重视教师的校外经历。

鉴于此，我国高校的聘任制应做好以下几个方面的工作。

1. 科学设置岗位，下放岗位聘任权限

这其中包括两层含义：一是要根据学校的岗位总数以及各教学单位承担的教学任务情况，科学测定各单位编制；二是将岗位分成关键岗位和一般岗位，关键岗位由学校聘任，一般岗位则根据各单位编制情况，综合考虑学科发展等因素，合理地分配到各个单位，由各单位自行聘任。

2. 合理设置任期

任期设置的合理与否直接决定聘任制推行的成败，具备条件的学校应实行低职称教师在一定年度内的非升即走制度，在聘任到期后，如果通不过专门委员会对其进行的教学效果、科研能力以及学术水平的考核，就必须离开学校，这将极大地促进年轻教师勤奋上进，不断提高专业水平和敬业精神，还将对人才的流动和学术的交流起到积极的促进作用。

3. 完善聘任程序

要制定规范的聘任办法，并且在办法的制定中广泛征求教师意见，让教师积极参与聘任制度的制定。在聘任程序上应公开、公正、公平。对于学校关键岗位的聘任，在我国无中介审议机构或机构职能不健全的情况下，必要时要聘请国内其他高校的同行专家对申请人进行鉴定；聘任工作应面向全社会公开，考核过程和结果也都要进行公示；建立教师申诉制度，如教师对聘任结果有异议，可以到指定的申诉部门进行申诉，申诉部门必须受理教师的异议投诉，并在规定的时间内予以答复。

4. 要与政府职能部门一起做好未聘教师的生活保障工作

特别是在推行聘用制改革的初期，除了政府职能部门要做好未聘教师的社会保障外,学校也应在能力范围内,为教师再就业创造条件,保证教师队伍的稳定。在聘任制的推行过程中,教师身份的转变是重点也是难点,只有在改变教师对学校的人身依附,完成从"学校人"到"社会人"的转变,建立学校与教师间真正的契约关系,聘任制才有可能真正实行。

(四)完善教师绩效考核评价体系,建立科学的教师工作量核算模型

1. 完善教师绩效考核评价体系

(1)对教师进行绩效考核的原则

对教师进行绩效考核的原则是指要从教学和科研两方面综合平衡考核。在高校的日常管理中,应保证一线教师不仅重视科研教学工作,而且会认真进行教学以及教学法的研究,提升教学质量。使科研成果日益大众化,而学术价值也有所提升。

(2)考核过程要遵循公开、公正、公平原则

公开原则是指对教师的考核过程、考核标准以及考核结果要公开;公正是要求考核者在考核过程中要实事求是,考核者应在教师中有威信,有较高的学术地位,教学效果的公认程度高;公平原则是指应综合考核教师,还要给教师申诉的权利和机会。

(3)要做好考核结果的反馈和利用

考核结果要及时反馈给教师,同时,对考核结果应有所说明。

(4)考核应采用量化指标,又不能绝对量化

量化指标可以更明确的评价教师的教学和科研工作,量化考核也可以通过调整权重等方法使评价更科学。但在设计量化指标的时候,要充分考虑质的方面的因素。

2. 工作量定额

一般来说,高校教师工作量包括教学工作量和科研工作量两部分,高校对科研成果的认定以科研与教学之间不可换算而形式各异。按照教育部的相关规定,教师科研工作量、指导学生以及论文等工作量的总和应占教师总工作量的三分之一,占教学工作量的二分之一。

3.工作量核算

在工作量的核算上,大体可以分为两种方法:一是教学与科研单独核算,另外一种是将教学工作量和科研工作量分别量化,赋予一定分值后加总,然后根据总分对教师的工作总量进行排序。

(1)教学工作量的核算

教学工作量不应仅仅是教学授课工作量与班级系数简单的加乘计算,还应考虑质的因素。同样讲授一门课程,有的教师讲课认真、备课充分,教学方法深受学生们欢迎,教学效果好,而如果按同样系数计算工作量,应该将教师的教学效果计算在教师的工作量中。

(2)科研工作量的核算

科研对于教师来说,能够使自己与自己学科领域的新进展保持一致,从而进行高质量的教学,学术研究的过程和结果往往能改变教学的内容和方法。因此,高校教师必须从事一定的科学研究。但就工作量的核算来说,由于科研成果的学术性价值难以评估,从而给核算工作带来了很大的困难。因此,在核算科研工作量时,只能根据教师科研成果的类型以及级别进行核算。科研工作量主要包括发表论文、承担课题、出版学术专著。在科研工作量的核算上,应给予那些从事周期长的基础性研究的教师一些特殊政策。例如,如果经学术委员会认定,该教师的科研活动有较高的学术价值,可以在成果出来之前,按阶段认定该教师的科研工作量,并在研究成果出来后,根据实际情况核算其科研工作量。

4.加强师资队伍建设,实施有效的激励机制

根据学校以及学科的发展需要,有针对性地对教师进行培养,同时建立有效的激励机制,调动教师在工作中的主动性与创造性,是对高校教师按照现代人力资源管理模式进行管理的重要特征。

(1)师资队伍建设的基本措施

在师资队伍建设中,应在建设规划、人才引进和教师培养等方面制定行之有效的措施,特别要注意以下几点。

第一,教师队伍建设要着眼全局,要有前瞻性。教师队伍的培养应有

全校性的指导性培养方案。全校的培养方案应是学校管理者根据学校师资队伍的现状,包括教师队伍的年龄结构、学历结构、学缘结构以及学科间的数量结构,制定本校的教师队伍建设规划。各学院应根据本部门的师资队伍状况、教师个人的发展潜力和发展需求情况以及学科的发展需求制定详细的师资队伍培养规划。学院的培养规划要从学科建设的需要出发,要有前瞻性,同时还要充分考虑教师的个人发展的需要。对教师的培养既要加强对精英人才的培养,培养学科的学术带头人;也要加强对中坚力量的培养,这是学校教学的主干力量;更要加强对青年教师的培养,建立一支老中青结合、结构合理的教师梯队。

第二,要做好人才引进工作。在高校的师资队伍建设中,人才引进对充实教师队伍,完善知识结构,活跃科研氛围起着重要作用,而且,人才引进政策起效快,对学科建设的作用明显,往往成为管理者首选的建设措施。因此,在制定引进人才政策的时候,要根据公平理论,对给予引进人才的待遇进行恰当的设计。引进的人才必须对学科建设起到积极而有效的推动作用,要人有所值,而且同时还要给予本校内同等层次人才相同的待遇。

(2)建立科学的激励机制

人力资源管理学提出,从"以物为本"向"以人为本"的价值观转向,使有效激励成为管理工作的核心。高校教师作为一个特殊群体是高校办学的主体,是实现办学目标的主导力量,这就对高校管理者提出了更高的要求。如何充分调动高校现有教师的内在动力因素,将教师为实现目标的主导力量落实在工作的各个环节上,提高教师的教学水平、科研水平、创新能力以及为人师表的自觉性是高校教师管理中的主要内容。科学的激励机制应根据受众的不同特点采取不同的措施,根据高校教师人群的特征,高校教师的激励措施应遵循以下原则。

第一,激励措施应将物质鼓励和精神鼓励结合起来。高校教师群体在个人的需求上对高层次的需求明显高于其他人群,注重精神激励会起到良好的效果。

第二,激励过程要注重公平性原则。在某种程度上,对奖励的相对值比绝对值更加重视。

第三,激励要注重时效性。奖励的时效对奖励的激励效果有很大的影响,它包括两个方面的含义:一是奖励时机的选择。应在令人满意的行为发生后立即予以奖励,亦即正强化,这样强化的效果才能好。二是奖励频率的选择。一般来说,长期性的、完成较困难的任务以及在工作满意度高的工作岗位,激励频率应小一些,但要让他们感到劳有所值;而经常性的、容易完成的工作和工作比较艰苦的工作岗位应经常进行激励。

第四,激励要适度。激励的大小要与学校的承受能力、劳动的价值相适应才能服众,才能起到良好的激励效果。

(3)有效的激励模式

第一,在薪酬制度设计上,要突出工作量对薪金总额的影响。如果在现有职级的基础上进行分化,同时拉开各级别间的薪金额度,可以使教师即使达到某一级别仍有向上努力的空间。特别是教授岗位,因往上职称已经到顶,可以在那些距离带头人层次尚远的教师群体中设置教授的级别,达到一定的教学工作量、教学效果以及科研工作量等,就可以拿到比未达到的教师高得多的薪金,这样设置的标准就成为一种导向。

第二,树立目标,激发教师的心理预期。这也是人们经常说的目标激励法。目标的设定应遵循五个原则:一是目标要有挑战性,要具有一定的难度。二是目标要有可实现性,是指目标是教师经过自身的努力可以达到的。三是目标要具有量化指标,设定的目标要有数量和质量的指标进行表示,以便进行考核。四是目标应由教师参与制定,所有教师,至少是绝大多数教师都可以广泛参与。五是目标的制定要与学校的发展目标相一致。学校要加强学科建设,提高教学质量,提升科研水平,改善教师结构,那么在教师的考核、酬金发放、职称评聘以及对教师的培养等方面都要恰当地提出对个人科研水平、教学质量以及知识结构、个人能力等方面的目标,这同时也是一种导向作用,使个人目标得以实现,间接获得学校目标的实现。

第三,公平对待教师的劳动是最好的激励措施。公平是指按劳分配上的公平。在日常的工作和生活中,人们总是会与其他人进行比较。教师对激励措施往往更看重横向的比较,看其他人在付出同样多的劳动后得到的激励与自己获得的激励是否一致,而非仅仅是获得激励的绝对数量,而且,这种比较绝对的激励对教师来说更为重要。

第四,言必信,行必果。要注重对激励措施的兑现,这包括两方面的含义:一是在制定激励措施时,要充分考虑学校自身的承受能力做出承诺;二是做出了承诺就要兑现,即使当初的承诺已对学校的发展失去了意义,但在学校没有明确停止激励前,仍需兑现,这样会使教师免除付出劳动却无法获得回报的后顾之忧。

第五,教师参与决策是对教师的最大激励。教师参与决策是治理理论在高校管理中的一种实际体现,也是发扬民主、满足教师受尊重和信任的需要,同时能增进决策者和教师间的了解,创造相互信任的心理氛围,还能增加教师的满足感和归属感。教师参与学校政策的制定是学校合理、正确决策的必要条件,而合理、正确的决策本身就是对教师最好的一种激励措施。教师参与决策,用实际行动证明了教师是学校的主人。教师参与决策的方式有很多种,如教师代表大会、日常政策制定时的征求意见、经常性的沟通以及成立各种由教师为主导的委员会负责专项事务的管理。教师参与决策,可以充分利用高校教师群体的高智力资源,有利于决策的科学性和合理性,还可以体现教师在学校的主人翁地位,使教师感到自身的利益和学校的利益息息相关,更有利于调动教师的积极性,使教师资源得到更充分的利用。

(五)构造和谐氛围,形成独特的校园文化

校园文化是一种特殊的社会亚文化,是在特定的环境中创造出来的,与社会、时代密切相关又相对独立,有着鲜明校园特色的人文氛围、校园精神和环境。校园精神是校园文化的核心,是学校师生员工人生观和价值观的综合反映,是共同的理想、信念、追求,共同的行业规范和标准模式的综合体现。校园文化对教师的影响是看不见、摸不着的,也往往为管理者所忽视。现代的校园文化建设是现代人力资源管理理论与传统的人事管理制度之间的重要区别之一,校园文化建设对学校发展目标的实现起着保障和促进作用,主要表现在四个方面:第一,校园文化可以有目的的

引导、塑造学校内部成员的行为,增强教师行为的一贯性。第二,文化本身就是一种黏合剂,可以将不同个性、不同思维方式甚至不同价值观的教师黏合在一起,增强教师队伍的凝聚力。第三,校园文化使教师在思想上自觉地将自己与其他学校区别开来,从而对增强教师对学校的认同感和归属感起到积极的促进作用。第四,校园文化使教师自觉地将自身利益与学校的总体利益联系在一起,将教师个人的发展目标与学校的总体目标联系在一起,教师与学校荣辱与共。

校园文化的形成非一朝一夕之功,而是在长期办学实践的基础上,经过历史的沉淀、自身的努力和外部环境的影响,逐步形成的一种特殊的社会文化形态。教师作为其中的一分子,应该积极地投入校园文化的建设过程,为校园文化的形成写下自己浓厚的一笔。

校园文化建设的首要任务之一就是传承学校的悠久历史。从学校的历史中,可以总结出学校建校以来发展中的成功经验,从学校发展中可以帮助培养教师的自豪感和归属感。校园文化建设还要弘扬科学精神,科学精神是学者在长期的研究活动中形成的价值观和行为规范,是他们人格和精神气质中的精华,有着深刻的思想内涵和极强的思想文化教育功能,科学精神就是创新精神。在高校中弘扬科学精神,有利于教师树立正确的世界观、人生观和价值观,有利于教师掌握科学的学习方法和研究方法,有利于教师深入地开展科学研究,提高教学质量和学术水平。

加强校园文化建设不仅要给教师提供学术自由的发展空间,更要充分调动教师参与学校建设的积极性,为学校的发展献计献策。"百花齐放,百家争鸣"不仅仅是对教师的学术研究而言,对于学校政策的制定更要坚持民主,在学校的决策中,要多倾听教师的声音,要欢迎在管理中出现不同的声音。只要全校教师都能投入学校的建设中,关心学校的发展,在各自的角度对学校政策的制定进行客观评价,就能在发展的道路上少走弯路,这样才能更快、更好地实现学校的发展目标。

加强校园文化建设,要建立和谐的人际关系,要创造良好的校园文化氛围,让教师有更温馨的环境,能集中精力搞好科研和教学,使教师能体验自身存在的价值,使其被尊重、被关心、被爱护的需要得到满足。良好的校园文化氛围能维持并增进教师的心理健康,保证教师群体间的团结与合作。主要措施有四个方面:第一,改进领导作风,改善干群关系。领导者和管理者要平易近人,遇事要与教师多进行沟通,在工作上要协调一致。第二,应尊重教师在学术上的不同意见,尽可能地为教师创造良好的工作环境,关心教师生活上的困难,解除教师的后顾之忧。第三,学校要为教师间的人际交往创造良好的条件。第四,要加强对教师队伍中师德高尚、学术造诣突出、教学质量优秀的教师的宣传,使全校形成一种重品德、重知识、重人才的良好风尚,使人力资源管理主体与教师之间形成一种互惠互利、默契双赢的局面。

　　总之,要把良好的校园文化作为学校效益、质量、规模协调发展的关键因素,并围绕学校的办学目标进行合理规划,优化配置人才结构,更充分地发挥高校人力资源的效益。

第四章 高校行政管理及改革创新

第一节 高校行政管理理论基础

随着我国高等教育的不断发展和高校教育体系的不断改革,高校对行政工作的要求不断提高,行政工作的有效性会影响教学质量和校园其他工作的质量,因此,行政工作的有效性对高校教育的全面发展至关重要。

一、行政管理的含义

我国高校的行政管理主要是从事科研活动和非教学的行政管理机构所进行的管理活动,相对于高校的教师和研究人员来说,他们大多是管理者,也就是说,他们的权力来源于政府对教育的行政管理。高校主要是以科研和教学为主,行政管理主要是起到辅助性和保障性的作用,这是高校管理不可缺少的一部分。

高校的行政管理是高等院校特有的一种管理手段。通常,高校一般都有以校长为首的一套高校行政管理系统,高校的行政管理人员要履行其指定的系统来完成高校的各项管理工作。政府在对高校的监管上主要是采取指令性的手段进行监管和检查。

高校为实现其在教育上的目标,必须充分利用可以利用的资源,运用较为灵活的工作手段,制定完善的制度。既要达到预期的行政工作效果,又要保障其管理职能能够顺利地进行。高校行政管理的主体主要是指管理层的领导和具体执行命令的行政工作人员,高校的人力、教学和物力等其他资源,根据教学科研需要和高校发展目标,经过行政管理的协调安排,达到效率的最优化,实现高校各项工作的顺利进行,推动高校的健康、长远发展。

二、高校行政管理的内容

我国各高校的行政管理内容主要包括以下三方面。

(一)协调好学术与行政之间的关系

高校要对行政人员和学术人员进行剖析,妥善处理行政管理的高层、执行人员与教师、教授以及学生之间的关系,更好地进行高校行政管理工作,服务于教学、科研和学生的成长发展。

(二)配置好部门的功能

高校的行政管理部门的设置离不开其执行上的各大功能,所以说部门与功能之间的关系是做好行政管理的关键。高校的管理部门在设置上一定要注意,高校的行政管理部门的功能不能重复配置,其功能要具有科学性和合理性,功能要和岗位相符合。高校行政管理部门的功能如果不匹配,权力产生重叠,行政管理工作就会出现混乱现象,就会严重影响行政管理工作的效率。所以,要切实处理好行政管理部门的功能问题。

(三)协调好职员结构和改革管理之间的关系

高校的职员结构和改革管理之间的关系是高校行政管理的主要内容,高校的行政管理改革通常离不开对行政管理人员的队伍进行改革,整个高校的行政管理队伍结构越是精炼,职能分配越是清晰,就越能达到预期效果,从而激发行政管理人员的工作热情和创新精神。

三、高校行政管理的职能

高校行政管理的职能主要来源于政府教育行政管理职能,高校的行政管理职能可以大体分为社会的服务职能和社会的管理的职能。

（一）社会的服务职能

社会的服务职能体现在行政管理组织通过各项规章制度和职能来组织高校的非行政人员进行教学和科研研究等行为。在教学和科研中,处理好各种问题,使高校的教职工都能在自己的岗位上勤劳奋斗和爱岗敬业,最后达到各高校的预期目标。

（二）社会管理职能

高校行政管理的社会管理职能主要表现在行政管理人员通过管理运行体制和实施具体的管理职责,能够对高校的教职工进行正确的、规范性的指导,让他们能够按照政策和规范有条不紊地进行工作,这样就能确保教育管理系统顺利运行和长远发展。

上述职能的决定性在于我国的社会主义性质,在我国各高校在教学和科研方面起到重要的作用。高校行政管理的职能对高校的教学起到保障作用,要随着社会的发展和变化不断地完善和创新高校的行政管理方式、方法,这样才能更好地促进高校教育水平的提高。

四、高校行政管理的运行机制

要想充分地发挥高校的行政管理职能,首要问题就是要不断地对运行机制进行创新和改革。这就要求高校有一个良好的运行机制对其工作进行保障,使高校的行政管理人员能够尽职尽责地工作,更好地调动行政人员的能动性。要想切实可行地运用好各高校的行政管理职能,应先做到熟知行政管理的基础理论,要因地制宜地根据院校的实际情况确定一个符合实际的运行机制。除要注意把握普遍性的行政管理特征外,还要注意把握教育自身的规律特征。总体来讲,各高校的行政管理运行机制包括竞争机制、决策机制和动力机制。

（一）决策机制

社会主义要求高校要做到科学与民主的统一。高校在行政管理上只有做好科学与民主的统一,进行科学的民主决策,才能在高校行政管理的过程中做出最恰当的行政决策,才能最大限度地保障高校行政管理运行的合理性。

(二)竞争机制

竞争机制是高校行政管理中的一个不可或缺的重要机制,而竞争机制的建立主要体现在教学水平管理和高校师资队伍的管理上,在教学与科学研究、后勤保障等方面也有明显的体现。高校行政管理人员通过公平竞争实现优胜劣汰就是竞争机制的一个最为显著的特点。高校行政管理引入竞争机制,对于行政管理人员的创造性和主观能动发挥了重要的督促作用,有利于改善和提高高校行政管理工作的效率,提升工作业绩。

(三)动力机制

动力机制强调的是高校行政管理的动力机制,包括其内在的吸引力、外界的压力与吸引力。其中所说的吸引力包含了高校在其硬件设备上对外界的吸引力因素,指的是高校的办学条件、校园环境、悠久的历史和高校的学术氛围等一系列影响力。高校只有具备了吸引力,才能更好地形成能动力和向心力。就高校现状来讲,高校的行政管理人员和教职工的价值观是高校在前进路上的动力。只有拥有一个良好的内在动力,才能使他们在学生管理和工作、教学保障方面保持一个良好的状态,更好地投入精力。而外界的压力又主要包含了高校在社会上的口碑、国家的重视程度、各高校的教育目标等,这实际上就是动力机制中不可缺少的一种反弹现象。

五、高校行政管理的作用

高校得以实施教育和科学研究的首要条件就是高校的行政管理,高校的行政管理在其管理体系中起着最基础的作用,最为突出的就是指导、调节和约束功能。所以高校既要保障、协调又要激励行政管理的发展与改革。

第一，各高校的行政管理工作的保障性主要表现在高校行政管理的服务性功能。高校的行政管理工作涉及整个高校的运转，几乎高校的所有事宜都离不开行政管理。要想切实保障高校行政管理的发展与改革，高校的行政管理工作就要积极地发挥好其服务性的功能，将服务性功能运用到工作中，处理好各种关系。

第二，高校的主要目标就是为国家培养人才，必须通过对大学生的教学、管理和服务实现这一目标。对大学生进行教学、管理和服务，必须通过高校行政管理部门的协调，而各部门之间又具有较大的差异性。所以，在出现各种不协调的情况时，高校的行政管理部门就要切实地发挥作用，认真地处理好各部门之间的关系，充分发挥行政管理的协调服务功能。高校的行政管理人员在其行政管理工作中，一定要强化教学和科研服务的管理理念，将高校的行政管理工作深入高校的每一个工作环节，最终实现高校行政管理的整体效能，实现工作效率的提高。所以，要妥善地处理好高校行政管理工作的改革与发展。

第三，对于激励高校进行行政管理的发展与改革，国家要给予大力的支持，作为各高校发展与改革的强劲后盾，高校自身也要激励所有的教职工和学生。而对于高校的行政管理工作来讲，它的具体作用就在于对高校内部各部门及其员工的工作情况进行监督与检查，最大效率地完成工作任务。高校行政管理工作应将绩效考评加入其中，这样才能最为科学与合理地使政策得到贯彻落实，最大限度地为高校行政管理工作的体系化、可持续性和模式化发展打下扎实的基础。

第二节　高校行政管理中信息技术的应用

高校是现代科学技术发展的前沿阵地，因此，新技术都是率先在高校中播种开花。高度发达的计算机信息技术渗透高校的方方面面，它将行政管理、信息管理、教学服务、研究开发等各类系统连接起来，实现这些系统之间的信息交换和信息服务，使校园的教学科研资源与社会知识资源实现了高度整合,使信息化校园网成为完全开放、超越时空的校园网络平台和知识中枢。

信息技术同时也是教学科研的必备手段。教学通过网络收集资料、组织教案、开通网络课堂。师生通过网络进行互动,各种教育教学信息也通过网络进行传递。网络传播的文本、声音、图形图像、动画和视频大大地丰富了教学内容,提高了教学质量。

网络实现了高校的数字化、信息化存在,高校的现状、动态、目标、运行均在网络中得到映射,实现其功能和价值。

一、信息技术在高校行政管理中的具体应用与功能

应用信息技术的整体功能模块可满足构建校园内部管理平台和网络平台的需要,包括办公自动化、高校的教务管理、学生学籍管理、成绩管理、教工管理、校园资产管理、校长办公、系统维护等,以解决高校内的日常办公与教学及其他业务的管理问题。

(一)教务管理

教务管理模块主要完成高校教学事务管理工作。具体功能包括:班级管理。班级基本信息管理,文理分班;科目设置。设置高校开设科目;教师授课设置。设置教师的任课课程;年级/班级课程安排。安排每个年级和每个班级每学期和每周的课程、课时;课程表编排。编排每个班级的课程表。按照年级、班级、任课教师查询课程;教师评价。对教师进行综合评测。

(二)学生学籍管理

学生学籍管理包括:新生入学。新生入学信息管理;学生基本信息。学生的概况、家庭情况、操行、评语、奖惩、个人简历、入学成绩、考勤、特殊情况等信息管理以及学生上述信息的查询、统计;学生班级调整。调整学生所在班级,完成调班、跳级、降级等功能;毕业生信息。提供毕业生基本信息以及在校情况查询。

（三）成绩管理

成绩管理包括：成绩录入。当前学期、历史学期的成绩录入；班级成绩管理。对当前学期全校所有班级的每次考试的各科考试成绩进行统计，并对分数段进行分析；任课教师单科成绩管理。任课教师对所教班级的当前学期各次考试成绩进行统计和管理。学期成绩管理。由平时考试、期中考试和期末考试通过给定的比例计算出学期总评成绩，并获得学生的成绩曲线；任课教师试卷分析（该项功能只适用于任课教师）。任课教师录入该班学生此次考试的卷面各题目的得分，可以计算出本次考试的考试得分，同时可以得到每题得分率、每题全对人数和全错人数等试卷分析的结果；成绩统计。以年级或班级为单位，对学生的考试成绩、名次进行统计，可以统计班级或年级成绩（名次）统计表、班级或年级成绩排名表和学生的个人成绩条等成绩报表；成绩分析。对年级历次考试的分数段情况、考试分析数据进行统计分析；成绩管理设置。设置选课情况、满分值、分数段、筛选学生记录，校正成绩错误。

（四）教工管理

教工管理包括：教工基本信息管理。教工的基本信息、个人简历、家庭情况、奖惩记录、任职情况、业务活动、文章发表情况、业务进修情况、先进事迹以及工资信息管理；教工基本信息查询、统计。按姓名、性别、工作部门、民族、职务、婚姻状况等信息对教工信息进行查询；其他管理。按部门、专业技术职务/职称、学历、政治面貌等不同标准对全校的教职员工进行统计。

（五）校园资产管理

校园资产管理包括：固定资产管理。校园固定资产的登记、折旧、报废、遗失等，标准固定资产报表管理；实验设备管理。按照部门、年级组、科目等信息对实验设备进行登记、折旧、报废、遗失等管理。

（六）校长办公

校长办公包括：教工信息查询。对教工的基本信息、综合测评等信息进行查询；学生学籍信息查询。对学生的基本信息、成绩、奖惩等情况进行综合统计查询；校产信息查询。对高校固定资产、实验设备等校产进行综合统计查询。

（七）系统维护

系统维护包括：系统用户权限管理。管理系统用户对系统的使用权限，用户的信息管理；代码表管理。对系统各个模块的代码进行维护；学期管理。设置当前学期，维护学期信息。

二、高校行政管理信息化体系的架构

（一）网络平台

网络平台是信息技术建设环境中计算机、应用软件和电子通信体系等结构的总和。网络平台是一个开放的体系，它随着信息技术和信息理念的发展和变化而不断地变化和升级。网络平台又是一个规范的体系，它是在共同的数字化标准（指信息技术所运用的各项技术都应该具有一个统一的标准）、信息化的程序标准（在信息技术建设过程中所运用的各种程序都应该具有一个统一的运行平台，所输出的各种数据同样应是标准化的格式）和信息资源的共享标准（信息技术的配置是建立在共享的基础之上的，要保证全面的兼容与规范化，绝不能自我封闭）上运行的。因此不同时期、不同高校的网络平台并不完全相同。

（二）管理平台

管理平台是信息技术建设环境中的观念体系、协调组织、管理方法和管理程序等要素的总和。管理平台包括"硬平台"，即构建用于管理信息技术应用各项活动的管理信息系统，这是管理平台的基础。主要包括教学管理系统（本科教育、研究生教育、网络教育等）、学生管理系统（招生、就业、学生工作等）、人事管理系统（人才引进、教师培训、工资管理、人事档案等）、科研管理系统（纵向课题、横向课题）、财务管理系统、公共服务体系管理系统（网络信息服务、图书档案信息服务等）、后勤管理系统（教室、宿舍、餐饮等服务）以及资产管理系统（房产、地产、设备仪器、无形资产）等。管理平台还包括"软平台"，也就是信息技术应用下的管理思想、理念和各种管理制度。只有将"软平台"和"硬平台"的建设结合起来，才能发挥其作用。

（三）资源平台

资源平台是信息技术应用环境中数字化的各种资源的总和，其核心是各种数据库。高校的信息库一般有学生信息库、教学信息库、专利信息库等。

三、电子校务在高校行政管理信息化发展中的创新应用

（一）电子校务的认知

将信息技术与高校行政管理进行融合，利用网络通信与计算机等现代信息技术将其内部和外部的管理和服务职能进行紧密集成，高校可以实现机构精简、工作流程优化、资源整合。通过高校网站，大量频繁的行政管理和日常事务可以按照设定的程序在网上实施，从而打破时间、空间及部门分割的制约，全方位地为高校及师生个人提供一体化的规范、高效、优质、透明的管理和服务。借用"电子政务"的概念，信息技术应用于高等院校管理的手段便可称为"电子校务"，简单地说信息技术的应用就是指一个信息化、数字化、智能化有机结合的新型高校行政管理的网络平台。电子校务应用现代化的电子信息技术和管理理论，对传统校务进行持续不断的革新和改善，以实现高效率的高校管理和服务。

电子校务利用了信息技术的主要功能，主要包括以下几个方面。

1. 展示

展示就是提供高校综合信息，以企业网页的方式，在网上发布高校科

研、教学、组织机构等相关信息,包括在网上做招生广告、科研征题、技术转让等。通过展示,可以树立高校的形象,扩大高校的知名度,宣传高校的科研和教学,以期寻找、吸纳新的生源和教学、科研伙伴。

2. 发布

所谓发布就是要在网络上传达高校的各种通知、计划、政策和各种动态信息,以保证上情下达。

3. 服务

服务是指信息技术的应用要实现通过网络提供与教学、科研活动有关的信息,如图书借阅、教学计划、教学安排、学生成绩、教师状况及各种数据和报表。

4. 教育

网上教育是高校教育的第二课堂,信息技术的应用要通过网络面向校内外学生开展可视教学,进行重修专业和重修课程的教学及有关课程的补充教学,还要通过远程网络教育使学生进入社会及其他高校的课堂,实现师资共享。

5. 交流

所谓交流就是实现各种网上沟通,包括上级与下级之间,教师之间、学生之间、师生之间,高校与政府机关、高校与校外个体和群体之间的信息交流等,利用网络的这些功能,高校行政管理可以更好地实现其功能,达成其目标。

电子校务是电子政务在高校的具体化,二者有相同点,也有不同之处,具体分为以下几点。

第一,信息技术在高校的应用的网络平台是校园网,而校园网的数据传输速度高、信息提供针对性强、媒体的多样性等特点决定了高校电子校务系统可以建立在一个极具效率的网络平台上。

第二,高校利用信息技术的服务对象明确、业务规整,而不像政府的电子政务服务对象那样复杂多样。

第三,高校利用信息技术所处理的业务相比于政府电子政务系统,具有单一性与集中性的特点,也就是说,高校可以利用信息技术的功能,采取更加有效的方式处理高校事务,即内部可以采取比 C/S 模式更加有效的方法对高校事务进行集中处理。

第四,高校利用信息技术具有更高的安全性。一方面,在校园网上可以实施更高级别的安全性策略;另一方面,高校信息技术的集中式处理模式具有较高的安全性。

第五,高校信息对于其建立者和消费者来说相对对称,这一特性决定了高校信息技术的建立可以由高校相关部门和消费者共同来建设。实际上,高校行政管理层既是电子信息技术的建设者也是消费者,其双重身份决定了高校电子信息技术的建设及其功能确定的明确性。

(二)电子校务对促进高校行政管理发展的重要性分析

1.高校行政部门纵向分权的协同管理

协同管理的本质就是将各方面的智慧集中起来,通过对各方面资源的整合,将各方面的力量充分地发挥出来,最终形成一股合力,使高校在内部管理和对外服务上充分发挥高校行政组织中全体成员的作用。电子校务具备非常明显的分权特征,不仅可以将全体成员的作用最大限度地发挥出来,而且在此基础上赋予下属更多决策方面的权力,在一定程度上能够将他们的积极性、主动性和创造性激发出来。与此同时,在电子网络化模式的组织下,如果每位组织成员的知识和潜能被最大限度地挖掘出来,整个组织的集体智慧就会获得显著增强,从而更加有利于高校行政部门实现纵向分权的协同管理。

2.高校行政部门横向整合的管理

电子校务的协同管理的模式在一定程度上以业务流程为中心,并且在此基础上实现对业务流程的重新组合,以此发挥电子校务的巨大作用,因此各部门之间障碍的扫除对于工作效率的显著提高具有非常重要的作用。一方面,电子校务能够在最短的时间内通过各部门之间的全面调整实现重新组合,并且能够在现有行政部门边界保持不变的情况下加强各部门之间的密切合作,以此实现资源的有效共享。另一方面,电子校务以现代先进的信息技术为依托,并在高校机构改革的严格要求下,通过对内部不同机构的重新组合,使其形成一个全新的、统一的机构。各部门通过不同强度来加强组织之间的联系,在很大程度上促进了相关行政部门朝着无缝隙运行的方式发展,从而为高校提供良好的无缝隙化服务。

(三)电子校务系统顶层设计的要点

1.树立大局观,兼顾整体与全局

顶层设计的视角需要树立大局观,站在整体高度的视角对电子校务中的决策进行科学、合理以及细致的分析,对兼容和共享进行全方位的考虑。

2.对业务的需求进行科学的分析

业务作为电子校务设计的重点,在进行顶层设计的相关过程中需要对其可行性以及利益关系进行科学的分析。换言之,顶层设计的成功与否在一定程度上与业务领域有着直接的关系,包括与业务领域紧密相关的工作。

3.促进高校行政管理绩效水平的不断提高

从某种意义上讲,高校的行政绩效其实与管理职能的转变有着最直接的关系,主要还是围绕高校发展的具体目标而进行的。为保证高校发展目标的有效实现,就需要对高校的具体工作流程进行科学的优化,使其职能能够发生一定的改变,从而最大限度地促进行政效率的显著提高以及工作体制的创新与改革。

(四)电子校务对业务流程进行科学的优化

管理服务流程的优化在一定程度上对于电子校务灵活性的显著增强与提高具有非常重要的影响,通过对各项业务流程的梳理,能够及时地发现潜藏在行政管理中的各种问题,从而对流程进行一定的变革,实现对流程的持续优化。因此,在流程再造的过程中,需要以优质的服务推动流程的发展,并且使变革后的流程能够提供更优质化的服务。此外,要建立标准化的操作流程,以标准化为主要纽带,实现管理信息的共享和业务流程的规范,最终促进业务流程的持续化改进,从而极大地促进电子校务在高校行政管理中的科学发展。电子校务是在互联网网络技术和现代化教育发展过程中逐渐兴起的一门新型的管理模式,它在高校行政管理的协调

发展上对于行政管理部门工作模式的转变、办公效率的显著提高以及监督功能的有效发挥等方面发挥着至关重要的作用。

四、信息技术在高校行政管理中的积极价值

(一)优化高校行政管理决策

决策是否科学合理对于高校的发展至关重要。信息技术的引入为高校行政决策的科学化带来了可能。信息技术可以推动决策流程的再造与创新,为决策信息、决策咨询、决策参与提供了巨大可能。信息技术的发展正逐步实现了在适当的时候将适当的信息提供给适当的管理者,这样就改善了决策者的有限理性行政决策的范围,有助于建立适当的行政决策控制幅度。信息技术的实现使得高校政策的决策者可以在广泛了解决策所需信息的前提下进行决策。例如,对于高校人才培养的模式如何定位,如果采取传统的信息采集,费时费力,资料不全,而利用信息技术,广大用人单位、学生家长、学生本人都可以充分表达自己的意见,高校便可以获得充分的信息。

(二)提高高校行政组织的组织绩效

首先,信息技术的引入可以有效减少管理队伍,减少高校内设部门的数量。高校传统的行政组织形式是金字塔的科层组织体系,这种行政组织结构的形成与发展有其长期的历史原因,它需要大量人力来完成很多相对繁杂的工作。而通过推进电子校务引入先进的信息技术和构建高效的网络平台,原有的一个部门、一个行政工作人员可以做两个部门和两个工作人员的工作或者更多的工作。其次,信息技术有助于形成"扁平化"的管理。尤其重要的是,高校师生能够平等享受内部信息,许多问题在较低层级就能够得到解决,以上传下达为主要工作内容的中间行政管理机构就可以大大精简,因信息传递不及时或传递失误造成的信息损失可以大大减少,行政运行成本可以大大降低,行政组织结构可以变得扁平化、有机化和弹性化。电子校务采用人机结合的方式搭建基本工作平台,打破了传统教育政务的集中管理、分层结构,改善了其机构重叠、日常教育

行政事务处理速度缓慢的问题,实现了高校管理从金字塔式向扁平化结构发展,提高了教育系统内部各个部门及上下级之间的沟通速度、沟通程度以及教育行政部门的运行效率。

(三)增强高校行政体系的反应力与回应力

信息技术的应用即将削弱以至取消决策者与执行者之间的严格分界。电子校务提供了交流平台,高校有专门的局域网,能够方便教师与教师、教师与领导、教师与学生之间的沟通。通过这个平台师生可以直接与领导层对话,把对高校工作的感想和建议及时反馈上去,使领导层能及时了解高校目前的实际状况,以全面促进高校的快速发展,增进领导层与师生之间的理解。高校可以通过网络发布高校的科研、教学、组织机构等相关信息,包括在网上做招生广告、科研征题、技术转让等,可以树立高校的形象,宣传高校的知名度,宣传高校的科研和教学,有助于寻找、吸纳新的生源和教学、科研伙伴。

另外,高校还可以通过电子方式传达各种通知、计划、政策和动态信息,使教职工和学生能及时地获取有效信息。通过推进电子校务,高校行政机构可以在校园网平台上发布大量公共决策信息、校纪校规、行政决议、重大事项和最新行政动向,最大限度地满足师生员工的知情权、参与权和监督权,从而集思广益,促进决策科学化,增强高校行政体系的反应力与回应力。

(四)加强高校行政组织的廉政建设

信息技术的应用为高校行政组织的廉政建设提供了新思路、新方式和新途径。一方面,由于高校信息化建设后,信息的公开性、信息资源的共享性、信息沟通的便利性,有益于高校管理者转变工作作风。另一方面,由于校务的公开,增加了高校行政管理行为的透明度。通过电子校务,师生能直接了解高校在做什么、如何做,有利于加强对高校行为的监督,也使高校通过网络广纳贤言,从而迅速了解高校的发展动态。

(五)改进高校行政人员的观念与素质

信息技术的应用借助互联网、外网、内网打破了时空限制,高校行政人员可以看到、听到、接触到以前无法感知的事物,实现高效信息沟通和海量信息处理,可以完成以前仅靠个人能力无法完成的工作。

1.观念的更新和视野的拓宽

高校行政人员要适应信息时代的要求,就必须更新传统观念,树立效率观念、创新观念、服务观念、竞争观念、民主观念、法治观念等现代化观念。信息技术的开发可使行政人员及时获得大量信息,网络提供了获取信息的极大便利,有助于他们逻辑、辩证和系统地思考问题,提高分析、判断和解决问题的能力。

2.鞭策高校行政人员的全面进步

信息技术的应用既对高校行政人员的知识和技能提出了更高的要求,又节约了他们的精力与时间。前者成为高校行政人员不断学习与培训的直接动力,后者则为学习与培训提供了可能与机会。此外,信息技术的应用带来的教育方式的更新(如网络高校)为行政人员学习现代化的管理知识,掌握与运用现代化的行政管理技术和工具提供了极大的便利。

(六)提高管理人员的工作效率和质量

校园一卡通系统是建立在校园网上的多种金融系统和管理信息系统的综合系统,校园一卡通的实施不仅提高了学生的生活和学习效率,而且高校也受益匪浅。一卡通的统一认证和模块设计使系统维护工作变得轻松简单,解决了高校管理系统工作量大、管理和数据统计不方便等问题,提高了管理系统人员的工作效率和工作质量。如学生管理信息系统可以提供信息资源的查询、下载、网上选课、成绩实时查询、课程目录等教学信息的查询、学科专业培养方案查询等。通过电子邮件可以向高校反映工作、学习、生活中遇到的问题与困难。对内,信息及时互通,资源及时共享,提高工作效率和管理效能,减轻管理人员体力劳动,集中更多精力从事具体创新性的研究和实践工作。对外,系统数据库与招生办、学位办数据库可对接,学生与教师、社会与高校之间联络方便,便于及时交流。

(七)电子校务提高了办公效率

办公自动化系统能够提高教师的工作效率,降低管理成本,增强管理的科学性和民主性,实现高校与教育部门之间的电子信息交换,快速准确地完成上传下达的任务。办公自动化规范了工作流程,明确了各部门的工作与管理职责。管理部门的绝大多数日常事务处理如公文处理、会议管理等都可以通过系统完成,大大提高了信息处理的数量和质量。如招生就业网,随时对外发布信息,不但解决了招生和就业期间门前车水马龙的情况,而且对学生提出的疑难问题也可以给出圆满的答复。

(八)电子校务为领导层提供高质量与有价值的信息

随着信息时代的来临,各个方面的信息蜂拥而至,办公室信息工作者紧紧围绕中心工作开展信息工作,坚持准确把握信息工作的原则,对信息进行加工、综合,去伪存真,为决策者提供了高质量有价值的信息,为决策的成功提供了重要依据,大大地提高了工作效率。

信息技术对高校行政管理的影响不仅有上述具体方面,从宏观层次,甚至根本角度上看也有多种积极意义。信息技术对高校行政管理的模式会产生影响,它扩大了高校管理的主体队伍,使过去默默无闻的教师、学生获得了行政参与的渠道,增加了高校事务管理的民主化程度,在一定程度上改变了学术权力与行政权力的关系,也在一定程度上促使高校的管制性管理走向服务性管理,审批式管理走向协商式管理。

信息技术对高校的行政组织结构也发生一定的影响。网络带来了权力的适当下移,适当扩散,适当增加了高校院系的自主权;网络还促进了行政机构的虚实转化,催生了一些虚拟机构,它们参与高校的管理,促进组织机构的融合与渗透。信息技术为高校提供了一种自主、宽松的行政管理环境,增强了管理人员工作方式的灵活性和创新性。日常行政工作中,在完成基本行政工作任务的基础上,尽可能允许行政工作在内容及层次上多方面、多角度地了解被管理者,与工作人员及被管理者在某些方面进行探讨,有利于管理面的扩大和思维灵活性的开启,给工作人员以较为宽松的空间,使其创造性思维与行动得到更多的激励。

第三节　高校行政管理教育信息化机制的构建路径

信息化的管理工作相比传统的管理工作最大的优势就是效率的极大提高，其舍弃了传统管理方式所需要的层级关系，充分利用信息化的扁平优势，最大化地减少了层级关系，提高了行政管理中的运行效率。在教育信息化背景下，构建高校行政管理机制的路径可分为以下几个方面。

一、提高思想认识，不断提高信息技术的利用率

计算机应用软件、网络平台是一种管理思想和管理方式的载体，利用信息技术来创新和规范高校管理方式，不能被看作是单纯的技术问题。应当转变观念，将管理与技术联系起来，使成功的管理思想和管理方式凝聚在管理应用系统之中，这个系统实际上也就是管理思想和管理方式的结晶。在信息技术的应用过程中，应先提高思想认识，将科学、合理的管理行为和程序固化到信息技术中，根据新形势和新要求不断进行技术改进和创新。

信息化的办公系统对一部分领导和机关工作人员来说，是一个全新的事物。要使大家能够适应新型的办公方式，需要一个较长的过程。这就需要高校领导层积极地宣传与动员，有必要根据不同的要求，对全校的行政管理人员进行培训，使行政管理人员都能掌握操作方法以适应现代化管理手段，从而提高信息技术的利用率。

二、因地制宜，从成本与效益的角度出发进行整体规划

高等教育走向信息化、现代化是历史的必然。网络信息化已成为高校自身发展尤其是行政管理的必然需要，信息技术在全校的实施是一项非常复杂的过程，涉及面广，信息量多，工作难度大，不但涉及管理体制、机构设置和管理方法等方面的变动，还需要考虑报表格式、数据分类及编

码统一等问题,这些都是涉及高校全局的问题,只靠几个管理人员或专业人员是难以解决的。在人力、财力、设备及场地的调配上,需要领导进行协调,出面解决各部门之间的关系。所以,要由高校主要领导参加,坚持集中控制,集中开发。

从成本与效益的角度来看,管理系统可以分解为一系列相互关联的子系统。如果一所高校内各个子系统都各自为政地任意开发,各自有自己的程序和数据,项目之间各搞各的,不但会造成工作相互重复,还会造成技术成本浪费与效益低下。高校的信息化建设的发展规划应当成为高校教育发展总体规划的一个组成部分,要遵循"统一规划、分期建设、逐步实施"的原则,从高校的实际情况出发,决定应用需求及分期目标,确定和实施具有自己特色的信息化建设方案。

三、统一标准以集成系统

统一标准是互通互连、信息共享、业务协同的基础。电子校务系统是一个内含多种应用系统的集成体系,由于各应用系统在应用范围、构建方式、数据资源等方面存在一定差异,对整个电子校务平稳运行存在较大影响。在信息技术的建设过程中,应按照教育部颁布的相关标准统一规划和组织,依托现有资源和信息化工作的基础,坚持自主制定与采用标准相结合,实行自上而下的设计方案,上级规划为下级提供参考,下级规划在上级规划的基础上根据本校的特色进行规划。适时推出与电子校务相适应的标准体系,建立健全各类办公自动化系统、业务处理系统、公文流转处理系统、公众服务系统等,实现高校内部的教学管理、人力资源、校务管理等系统间的共享和数据交换,为用户提供统一的访问界面,为高校的教学、科研与社会服务创造最佳的解决方案,实现提高高校运作效率和加强高校核心竞争力的目的。

准确而全面的数据是领导进行决策的重要依据,利用它可以找出问题、开创未来,推动高校不断向前发展。现代数据库尤其是数据仓库、数据挖掘和联机分析处理技术为充分利用历史数据提供了有效的解决途径,对历史数据的整理及资源的整合可以得到科学、合理的信息,可以使基于经验的决策向理性决策转变,使领导清楚地了解高校工作哪些方面做得好,哪些方面还存在不足,从而明确今后的奋斗方向,以制定正确的策略和措施。针对现有的繁杂并且数量庞大的网络资源,有必要进行整理和分类,最终建立针对教学、科研、管理等不同内容的、具备强大搜索功能的门户网站,使广大师生以及高校行政管理人员能够通过简单操作即能获得相关信息与服务。同时还要以数据镜像的方式建立全球教育资源吸收系统,通过互联网对一些高质量的图书馆、专业数据库建立镜像,为广大师生提供更加专业、更加前瞻的教学、科研、管理等方面的资料。此外,信息资源只有走向联合,才是生存的出路。在信息资源共享过程中,要坚持探索创新,构建信息资源管理系统。打破各部门条块分割的现状,选择那些有必要且有价值的信息资源进行共享,否则只能造成共享水平的整体下降。共享部门应制定明确的指导思想,把信息资源共享作为一项综合性的发展工程,制定详细的共享规划,鼓励大家积极地进行开发和整理,使共享资源具有可获取性。在信息资源的开发、传播及使用过程中,应注重个性化服务,使信息资源人性化,把印刷型的信息资源数字化,把内容稀少、简单、枯燥的信息资源逐步丰富、个性、实用化,把以提供学习拓展知识为主的信息资源转向以培养创新能力及满足人们的多方面需求的信息资源,提供原创性更高、质量更高、数量更多、成本更低的信息资源。

四、按管理职能规划提高管理人员使用信息技术的能力

每个高校的行政管理部门不下数十个,所有这些部门的工作都是围绕教学、科研、学生和人事、财务、设备、生产、后勤等方面的管理过程来进行的。机构设置可以分分合合、增增减减,各部门的职能也可以变化,但是高校内这几类基本工作不会变。因此在应用信息技术时,可以按高校的几类管理职能来进行规划,以减少不必要的重复,增强各子系统之间关系的相互协调和一体化,使资源分配能够得到更有效的管理控制。

信息技术的实施和应用是一项较复杂的系统工程,必须进行充分细致的调查,进行缜密的分析,不断完善系统功能,以保证办公自动化系统

的顺利实施。

在系统实施开发的过程中应注意与系统操作人员的沟通,以避免实施过程中出现原则性问题。信息技术的使用者是用户,一般而言,它是用来为管理者提供全面的、具体的工作详情,并具有执行、控制和辅助决策功能的一种综合性的人机系统。即它既能为一个单位处理事务,也能为一个单位的管理提供决策支持。这里要强调的有两点:一是以计算机为基础;二是网络管理的建立既是一项技术性工作,又是一项行政性工作。"人"是该系统中的重要因素,因为只有通过人的活动才能获得有用的结果。用户凭借工作经验与工作需求,在使用信息化办公的过程中可以对信息技术的实施提出具有针对性的需求,使技术切实与管理活动相融合。结合管理人员提供的业务知识可以减少技术开发与运用过程中系统的交接问题,设计一个好用、实用的计算机网络应用系统。另外,信息技术可以通过数字模拟产生理论最优的高校行政管理流程,但只有在高校行政管理人员的实践与检验中才能够得以证实。它的开发可能会影响到现行的管理方法的变更,涉及高校内部机制的调整和人员的变化。为了使这项工作产生实际效果,得到人们的普遍承认和更多支持,应该在管理干部中培养一大批熟练的技术人员,建立一支包括高校领导及各业务部门负责人在内的各类人员组成的操作使用队伍。因此,要根据不同要求,对现有的行政管理人员进行培训,使大家都能掌握操作方法,提高整体的计算机应用水平。在其基础上建设一支具有系统分析能力的骨干队伍,以推动管理信息系统工作的不断完善。

五、协调管理并加强培训

为了使行政管理跟上形势的变化,要加强管理工作人员的技术再培训。要让他们掌握技术,尤其培养一种信息管理的意识,让他们从不习惯到觉得方便好用,最后主动适应信息技术的发展并将信息技术用于管理中。

电子校务不仅必须由高校的"一把手"直接领导,高校还要成立专门的电子校务工作小组,建立一支具有较高信息化素养、技术水平高、协调能力和服务能力强的管理队伍,以建立健全电子校务通畅运行的管理制度,如日常管理制度、安全制度等,促进电子校务管理的规范化、科学化。切实做到规范管理、协调管理,保证电子校务有序、健康发展。在电子校务建设的过程中,教育和培训是不可缺少的。首先,应对高层领导进行培训,使他们真正了解什么是电子校务,能发挥什么作用,会遇到什么风险,如何管理等。这样他们才能做出正确的成本估算,保证资金投入,监督实施计划的进行,协调各部门的矛盾,推进项目的发展。其次,高校应对全校的机关工作人员进行培训,特别是一些关键岗位,如办公室主任、各业务模块管理员等。必要时,可采取特殊优惠政策,积极吸引、招揽信息化人才,并增强他们利用信息技术的信心,发挥他们的积极性,为师生提供方便快捷的信息技术服务,发挥电子校务的最大社会效益。

六、从自身实际情况出发,分层次实施信息技术规划

在网络技术应用的过程中,由于人们认识上的差异以及各高校自身条件的不同,管理信息化建设很难一步到位,因此,各高校可根据自身的实际立足长远,分步实施。一定要从高校的实际情况出发,根据需要和可能,充分利用现有条件因地制宜,逐步扩展。要从高校财力的承受能力出发,以信息技术应用的客观需要作为标准,避免造成不必要的浪费,充分发挥信息技术的效能。如图书馆最初应用信息技术的目标就是对图书进行有效管理,由于需求单一,大可不必在网络配置等方面要求过高。电子校务建设是一项高投入的工程,在其建设之初,应做一些可行性分析报告,无论资金雄厚还是资金紧张的高校,都应该注重资金投入的使用效率,注重设备的实用性。

七、加大制度建设,为信息技术的利用提供强有力的支撑

随着信息技术在高校行政管理各个方面的不断普及和应用,各种相关的规章制度也需要加以建立和完善,以保证信息技术实施的目的顺利实现,所以,工作人员必须接受和使用信息技术,而且在使用的过程中必须坚持制度管理,制定有关的使用、授权、录入、保密等制度。

高校行政管理信息化重在建设,贵在应用。应当转变观念、营造环境,信息化建设并非少数管理人员之事,要靠全体教师和学生的关心和参与。由于大多数基本信息的传递需要管理人员的参与,因此,高校行政管理人员应当转变观念,改变传统的处理、传递信息的方式与习惯,树立现代网络意识,努力提高个人素质。总之,高校在信息化建设的过程中要有意识地营造一个人人会用、乐于用现代信息技术进行管理和学习的大环境。

第四节　高校行政管理改革与创新的具体措施

一、服务型高校行政管理体系的构建

随着我国社会经济的不断发展,教育的重要性越来越高,科教兴国已经成为我国重要的发展战略。而在我国高校高速发展的过程当中,各种设施的建设水平越来越高,服务型高校的理念已经深入高校工作中,使得行政管理工作的内容和职能等方面发生了翻天覆地的转变。传统的行政管理模式无法满足我国服务型高校建设的要求,这也就使得我国高校的行政管理工作必须按照服务型高校的发展进行相应的变革。通过积极地建立服务型行政管理体系,深入的了解服务型行政管理理念,完善相应的规章制度,我国的服务型行政管理水平可以得到大幅的提升。一方面,促进了我国服务型高校的发展;另一方面,也提升了高校的教学和科研质量,具有重要的现实意义。

(一)高校行政管理的服务特性内涵

服务型行政管理是指在高校的行政管理过程中,要以教师和学生的需求为根本目标,通过更好地对教师和学生进行服务,从而提升行政管理水平。服务型行政管理的基本理念是以学生和全体教职员工为中心,以人为本的行政管理理念,核心目的是为学生和全体教职员工提供更加优质的服务。对传统的行政管理理念进行更改,通过强化服务型行政管理理念,完善服务型行政管理相关的规章制度,更好地为高校的学生和全体教职员工提供相应的服务,促进学校整体的行政管理水平上升,从而推动学校在教学水平、科研水平等方面的全面发展,使高校的综合实力得到不断地提升。根据高校服务型行政管理的深化使用,可以有效地保证高校行政管理的公开性,让每个学生和教职员工都能够对高校行政管理有充分的认识,促进高校行政管理与日常教学和科研方面的有机结合,促进双方的共同发展。服务型行政管理的运用有助于促进高校行政管理的公正性,由于高校人数众多,平时所需要处理的任务也较多,通过对服务型行政管理的使用,可以让每件工作都能基于学生和教职员工的需求而进行,有效地保证了服务型行政管理的公正性和公平性。高校行政管理的服务特性有以下几个特征。

1. 专业性的服务

由于高校中各个系别、学院都具有不同的专业,在高校的行政管理工作过程中,经常会出现一些涉及专业领域的管理工作,而这些管理工作由于具有极强的专业性,也就给高校行政管理工作者带来了较大的工作难度。因此,高校行政管理工作人员要有足够的专业知识,只有具有专业能力的工作人员,才能更好地进行高校行政管理工作,从而为高校的学生和教职员工提供更多优质的服务。

2. 服务客体具有多样性

服务型的高校行政管理体系的工作核心是满足学生和教职员工的基本需求,为学生和教职员工进行服务。然而,由于学校中的人数众多,每个人都有不同的要求,使得高校行政管理体系的服务具有多样性的特点。因此,高校行政管理工作人员要针对每个服务客体的具体要求进行不同的行政管理服务,从而满足每个服务客体的基本要求,提升高校行政管理的服务能力。

3. 服务具有规范性的特征

对于高校行政管理体系而言,只有具备了较强的规范性,实行规范化的服务,才能更好地提升高校行政管理的服务质量。因此,高校行政管理体系的建立要以满足学生和教职员工的需求为核心理念,通过对学生和教职员工进行规范化的服务,在每一个工作的环节都要进行科学的设置并管理,提升高校行政管理工作的工作流程,从而让高校的学生和教职员工能够享受到更加优质的服务,促进高校教学质量和科研水平的不断发展。

(二)高校行政管理服务特性的意义

高校行政管理是学校在日常运行和发展过程中重要的组成部分,在高校中占有重要的地位。高校行政管理能力的不断提升有助于高校教学能力和科研能力的发展,对于服务型高校建设而言,服务型高校行政管理具有更重要的地位。

1.服务型高校行政管理有助于高校行政管理改革

高校行政管理是维护高校日常运作和发展的重要环节,也是高校进行教学和科研的重要保障。不同的高校由于其实际情况有所不同,行政管理体系也有所不同,其管理模式对不同的高校具有不同的影响。而随着服务型高校理念的不断深化和发展,对于高校行政管理体系进行相应的改革,已经成为高校不断发展的必然要求。服务型高校行政管理以高校的学生与全体教职员工的诉求为核心,从而为学生和全体教职员工提供更好的服务,以满足服务型高校的建设理念。因此,服务型高校行政管理的使用可以有效地促进服务型高校的不断发展,促进高校教学水平和科研水平的不断提高。

2.服务型高校行政管理有助于培养高素质的优秀人才

高校的核心目的是为国家和社会培养更多高素质的优秀人才,而服务型高校的核心理念更是以学生和教师为本,对学生的能力和素质进行培养。因此,服务型高校行政管理要立足于学生和教师的实际要求,为高校的教学和科研层面提供更优质的服务,为高校的人才培养奠定坚实的基础。对于服务型高校行政管理理念的深化和使用,可以有效地培养行政管理部门的服务理念,从理念上提升行政管理部门的服务效果,使得行政管理部门能够更好地为学生和教职员工服务,让高校培养高素质的优秀人才的核心理念能够融入行政管理部门当中,从而使得全校形成学生的培养服务的理念,提高教师的工作积极性,促进教师教学水平的不断提高。同时,服务型高校行政管理模式的使用,还可以给学生营造一个良好的生活和学习环境,激发学生的学习兴趣,提高学生的学习效果,为高校培养更多高素质的优秀人才。

3.服务型高校行政管理有助于高校科研发展

高校除了是培养人才的重要场所,还是进行科研的重要场所。而在服务型高校中,除了要注重对学生的培养以及对学生与全体教职员工的服务,还要注重提升学校的科研能力,这就要求在行政管理模式中,更加注重学术的重要地位。服务型高校行政管理模式能够更好地协调各个部门之间的关系,让各个部门能够在促进高校科研水平的目标上共同努力,从而为高校顺利进行科研项目提供相应的保障。同时,在服务型高校行政管理的模式下,不光要注重高校的日常工作,更要着眼未来,对于高校的未来发展有一个明确的认知,建立相应的战略方针,从而有效地提升高校的教学质量和科研水平。

(三)基于服务特性的高校行政管理工作构建思路

1.改变传统的高校行政管理理念

在高校服务型行政管理体系的构建过程中,高校的行政管理部门必须转变传统的行政管理观念,通过树立以学生和教职员工为本的服务思想,对全校的师生负责,在行政管理的工作过程中,充分考虑学生与教职员工的基本要求。

2.建设服务型高校行政管理队伍

行政管理工作人员在整个行政管理工作流程中占有主体作用,行政管理工作人员的工作能力和素质直接影响整个行政管理工作的质量。因此,对于行政管理工作队伍进行相应的建设,对提升服务型高校的行政管理水平具有重要的意义。在服务型行政管理队伍的构建过程中,应先提高行政管理工作人员的德育素养,使行政管理工作人员能够具有良好的职业道德和服务意识。

3.建立完善的服务型高校行政管理制度

完善的制度是保证服务型高校行政管理顺利开展的重要前提,因此,在服务型高校行政管理的建设过程中,要对服务型高校行政管理的规章制度进行相应的建设。要建立相应的民主决策制度,让全校的学生与教职员工都能够融入管理过程中。

还要建立一个对于行政管理水平和质量的评价监督机制,让学生和教职员工能够对服务型高校行政管理进行相应的评价,并吸取其中的不足之处进行相应的改正,以保证服务型高校行政管理能够顺利地进行。

行政管理体系在我国高校的发展和建设方面具有重要的意义,通过对服务型高校行政管理体系的构建,可以有效地深化我国服务型高校建设的程度,促进我国高校教学水平和科研水平的不断提升。

二、"以人为本"的后勤服务体系构建

后勤服务视角下的高校行政管理部门不仅肩负着科研和教学的重任,还承担着学校后勤服务和管理的职能。现阶段,我国高校教育事业的发展推动了行政管理体制的改革,高校后勤行政管理工作面临着巨大的困难,而后勤行政管理部门属于学校的枢纽,起着协调内外的作用,因此,只有构建"以人为本"的高校后勤行政管理体系,才能提高后勤行政管理的质量。

(一)"以人为本"的高校行政管理理念

"以人为本"的高校行政管理理念是以"为广大师生服务"为宗旨的,也是国家对教育事业发展的新要求,对我国经济、文化的发展都具有深远的影响。因此,只有对高校后勤行政管理体系进行优化和改革,贯彻"以人为本"的管理理念,将服务教学、教师和学生当作首要任务,提高管理人员的综合素质,才能为高校各项工作的开展提供保障,促进我国教育事业的发展。

(二)"以人为本"的高校后勤行政管理体系的构建

1. 树立"以人为本"的管理理念

要实现高校后勤的人性化管理目标,必须树立"以人为本"的管理理念,确保后勤行政管理工作舒心、放心,能够充分满足现代化管理要求,加强管理的人性化,才能充分调动后勤人员工作的积极性和主动性,确保其在工作中尽心、尽力、尽责,更好地服务于广大师生,让教师和学生在良好

的校园环境中工作和学习,从根本上实现人力、财力、物力的功能最大化和效用最大化。

2. 提升后勤服务保障功能

为有效满足学校、教师和学生的基本需求,必须重视对后勤行政管理体系的优化和完善,改变传统的后勤行政管理模式,提升高校后勤服务保障功能,为广大师生提供主动、高效、便捷的服务,充分满足高校发展的基本需求。在高校后勤行政管理工作中要坚持走可持续发展的路线,实现科学化管理,以人为本,提高高校后勤行政管理人员的工作热情。

3. 建立高素质的后勤干部队伍

要想做好高校后勤保障服务工作,必须重视对高校后勤人员的培养,建立高素质的后勤干部队伍。高校只有加强高素质的后勤干部队伍的建设,聘请专家开展后勤服务知识讲座,不断更新高校后勤行政管理理念,增强后勤人员的责任感、服务意识和服务水平,才能使高校后勤行政管理工作跟上时代发展的步伐。

4. 优化和完善后勤运作机制

随着科学技术的快速发展,优化和完善高校后勤运作机制是十分必要的,将先进的信息技术应用到后勤行政管理中,能够实现高校后勤的信息化管理,使后勤行政管理部门及时掌握并汇总工作信息,为高校后勤行政决策创造有利的条件。高校还可以构建信息交流平台,有效实现师生和后勤人员的双向互动,提高后勤行政管理水平,使后勤行政管理工作科学化、规范化、合理化。总结高校后勤服务是学校中心任务开展的重要保障,后勤部门只有在服务广大师生的过程中贯彻落实"以人为本"的理念,才能为高校后勤工作和教育教学工作开拓新的局面,实现高校后勤行政管理的科学化和规范化,促进教育教学活动的开展。

三、高校行政管理效率提升策略

面对时代发展的要求,高校行政管理应加强制度建设,依托制度优势提高行政管理效率,积极吸纳优秀管理人才,构建完善的辅助机制,切实解决行政管理中存在的问题,为高校行政管理工作水平的提高提供保障。

从制度层面出发,应重点思考提高高校行政管理水平的现实路径。

(一)健全人才准入制度,引进尖端的行政管理人才

在高校行政管理领域,大部分行政管理人员都来自基层,其管理方法与管理理念是在日常工作经验中形成的,而且是以工作经验为基础开展各项管理工作。随着时代的发展,尤其是信息化水平的不断提高,在高校行政管理工作中应高度重视创新管理模式的问题,积极构建完善的人才准入机制,以此提高行政管理队伍的整体水平;应以人才退出机制为辅助,对行政管理人员进行定期考核,依据其表现决定去留。发挥机制优势,能够激发高校行政管理的活力,提高管理效率与质量。

(二)完善管理和服务的责任制和绩效管理

公立高等院校的经费来源主要为政府拨款,在院校管理层面需要受到行政体制的约束。因此,应结合院校实际,打破传统的单一制行政管理模式,引入管理责任制和服务责任制,以企业管理和服务模式为参考,切实将行政管理工作落实到个人。此外,要适当下放行政管理权力,依据管理人员个人特长合理安排管理岗位,使管理人员的才能得到充分发挥,提高个人发展与高校发展的契合度。

1.明确行政管理人员的职责

在工作中,只有按照岗位的不同,制定不同的绩效考核标准,才能达到完善绩效管理的目的。第一,高校需要根据自身的运转需求,确定行政管理部门以及行政管理工作人员的数量。如果学校的规模比较大,则可以设置较多的行政管理人员,反之,则要减少。第二,要根据岗位的不同,确定不同的工作职能,规定行政管理人员应该承担的责任和义务,使行政管理的效率得到提升。第三,学校要为每个行政管理人员确定对应的绩效目标。如在确定绩效目标时,需要根据部门的整体绩效目标、个人的岗位要求、行政管理目标、行政管理的难度等方面进行综合考量,使绩效管理的目标可以在工作当中得到实现。

2.完善绩效管理考评体系

只有完善绩效考评体系,才能有效完成绩效管理的目标,促进行政管

理人员的自我提升,因此在实际过程中需要加强绩效考评体系的修正,才能满足管理的要求。为了使高校行政管理人员的绩效考评更合理、更有效,应从以下几个方面入手。

第一,目标分解,计划到位,科学定位,有效沟通,职责明确。在绩效管理的四个环节中,绩效目标的设立最重要,它是绩效管理活动的中心和总方向,决定着计划时的最终目的、执行时的行为导向、考核时的具体标准。设定绩效计划的目的在于将学校发展战略及目标与每位行政管理人员的行动结合起来,确保行政管理人员的工作目标与学校的战略目标保持一致,最大限度地保证学校战略目标的实现。绩效计划必须清楚说明期望行政管理人员达到的结果以及为达到该结果所期望行政管理人员表现出的行为和技能,通过层层分解目标来实现,并力争保持学校战略目标与规划和教职员工个人愿景的和谐一致。

第二,重视过程考评和控制,力求考评的完整性和连续性。控制是管理的一项基本职能,它是通过对计划执行情况的监督、检查等方式,及时发现目标偏差,找出原因、采取措施,以保证目标实现的过程。一个完整的绩效管理系统包括绩效目标与计划、绩效控制、绩效考评、绩效反馈四个环节。要使绩效考评真正有效,必须关注以下几方面。

(1)做好平时记录,形成绩效文档。绩效管理一个很重要的原则就是无意外,认真做好被考评人员的平时绩效记录,形成绩效文档,作为年终考评的依据,确保年终考评有理有据,公平公正。

(2)营造浓厚的学习氛围,提高员工自我学习能力。高校本身就是一个学习型的组织,更要根据不断变化的形势,调整人才培养和人才需求的目标和计划,为行政管理人员的发展营造一个良好环境,创造相应的条件。

(3)慎重选择考评主体,体现全面性、针对性。高校行政管理人员服务的对象主要包括领导、教师、学生及其他相关的管理人员,应该说相对教师来说要广泛得多。同时,不同的行政管理岗位又有自身不同的主要服务对象,对行政管理人员的绩效考评应慎重选择其考评主体,力求全面性、针对性,并考虑到其与被考评人的关系、素质、各类考评主体的人员分配比例等因素,从而使考评结果更具公平性公正性、合理性,也更可信,更有效。

(4)确立奖惩性评价与发展性评价相结合的价值取向。在绩效考评过程中,由于价值取向的不同,评估的指标、标准及考核评估的方法等都会有相应取舍。可以说价值取向既是绩效考评的基础,也是建立整个绩效考评体系的方向。奖惩性评价主要以奖惩为目的,是一种不完全的评价和终结性地面向过去的评价。它在某种程度上可以促进改革效率的提高,引起部分人员的共鸣和反响,但它从根本上忽视了评价的激励改进和导向的功能,不利于促进全体行政管理人员的发展。而发展性评价既注重人的全面发展、和谐发展、个性发展和人格完善,又注重一个组织发展和社会发展的需要,体现价值一元性与多元性的统一。但发展性评价若不与奖惩性评价相结合,又会导致广大行政管理人员无压力和激励刺激,同样对提高管理水平及服务质量无益。因此,在高校行政管理人员的绩效考评中必须将两种评价方法结合起来,综合运用,才能收到很好的效果。

(5)重视个人绩效的同时,关注团队绩效,实现绩效最大化。对于高校的每个行政管理岗位而言,实际上都要求多种能力的组合,而每个人的能力结构是不同的,同时,一个人的能力也是有限的。而高校的行政管理是个完整的系统,许多管理工作是相互联系、相互影响、相互制约的。因此,学校管理者应在进行个体绩效考评指标设定时,根据各岗位的实际情况,适当加入一些与团队绩效和流程相关的指标。并通过团队绩效目标及相关工作流程将具有不同能力结构的人融合在一起,量才用人,任其所长,不任其所短,创造机会,重视引导,形成团队成员互促共赢的局面,实现绩效最大化。

3.加强考评结果的运用

首先,要重点关注考评结果的反馈。当完成考评之后发现行政管理人员存在的问题,要及时寻找原因,找出解决的方法,改善行政管理人员的行为。其次,要将考评结果与行政管理人员的薪酬、升职挂钩,使行政管理人员争先提高自身的工作质量,以期获得更好的考评成绩。最后,要将考评结果进行对外公布,使行政管理人员了解绩效管理的权威性,从而注意自身的行为,提高行政管理的效率。

4.强化绩效考核的激励措施

组织的战略目标如果没有相应的物质激励或精神激励来持续强化,长此以往,高校行政管理人员的工作积极性就会逐渐消失。根据激励理论及激励方法的不同,高校行政管理者可从以下几方面强化绩效考核的激励措施。

(1)物质激励

高校行政管理者可以将各岗位人员特征和性格特征、需求的差异性、服务数量、服务质量、服务对象的满意度及服务难易程度等综合测评价格与其绩效工资挂钩,在各单位内进行绩效工资的二次分配,在不同部门、不同岗位、不同的行政管理人员之间拉开差距,以体现多劳多得,优绩优酬。绩效工资则依据高校行政管理人员对德、能、勤、绩、廉等考核标准进行考核,将考核结果的成绩按绩效工资比例发放,这种基于绩效考核的薪酬分配机制是物质激励的一种方式,但不能包括激励机制的全部。

(2)精神激励

物质激励与精神激励二者之间相互配合,相得益彰,缺一不可,因此要将二者有效结合,各自发挥自身优势,弥补另外一方的不足。精神激励相对于物质激励而言是无形的激励,是看不见摸不着的激励方式,但是能满足人们精神上的需求,包括给员工升职,认可他们的工作,进行岗位晋升、培训激励和被尊重的激励等多种形式的激励手段,能给他们带来荣誉感、成就感和满足感,持续地凝聚他们的心,让他们以饱满的激情实现组织目标。随着人们生活水平的提高,高校行政管理的决策者和管理者在采取物质激励的同时,还应将重心转移到以满足较高层次的需要上来。

(3)知识激励

知识激励也是激励中的重要部分,是指高校行政管理人员对知识的需求,及时提供必要的技能知识、信息及学习知识的机会来调动他们的积极性和创造性的一种激励手段。高校行政管理人员是知识型人才,他们既有一般人的基本需求,又渴望生活的归属感,事业上的成就感和社会上的荣誉感,收入对其满足需要的边际效用呈递减趋势。随着生活水平的提高,对物质激励越来越淡化,非物质的需求所占的比重越来越大,自我实现需求占据主导地位。知识激励主要包括向不同党政单位下属的各个职能部门的行政管理人员提供必要的专业知识培训和获取各种知识的机会,如定期将高校行政管理人员输送到与自己工作或所学专业相关的培训基地进行知识培训,以提高其专业知识技能和综合素质。

（4）目标激励

目标激励是指高校设置整体发展的目标,使行政管理人员的个人目标与学校的整体目标紧密地结合在一起,让他们感觉到他们的个人利益与学校整体利益息息相关,愿意全心全意为高校发展服务。建议高校行政岗位的管理者在采取物质激励的同时,还需结合目标激励机制,结合各个部门不同岗位人员的绩效考核结果、能力和素质特征、服务态度、服务质量和工作效果,为其确定适当的岗位目标,岗位目标再分解成多个目标与本人工作岗位有效地结合起来,能够诱发人努力地去争取和进取的方向。心理学上把目标称为诱因,启发其奋发向上的内在动力。同时各高校根据自身战略目标和学校的财力引入现代企业人力资源管理理念,并制定竞争性和市场化的薪酬制度,从而吸引优秀人才,推动教育事业的发展。将有事业心、进取心、有领导力、综合水平兼优的人员安排到重要的工作岗位,充分挖掘他们的才能,调动他们的工作热情,推动他们的职业生涯发展。可以根据绩效考核结果对高校行政管理岗位进行优化配置,将不同岗位与不同层次的人员合理配置到相对应的岗位,人尽其才,才尽其用。

（三）建立健全行政管理制度,实施量化管理和信息化管理

有章可循是开展各项管理工作的重要前提,同时也是确保管理取得成效的关键。为了提高高校行政管理效率,需要构建完善的管理制度,依托制度优势开展各项行政管理工作。为此,在院校内部应针对管理人员设置值班制度、岗位责任制度、办公制度等。还应结合管理人员的工作特征设置绩效考核制度,确保绩效考核所采取的评价指标具有代表性与科学性,并将制度落实程度纳入个人考核内容之中,与绩效联系在一起。在

管理制度构建的过程中应始终坚持以人为本的工作理念,面向所有行政管理人员征集相关意见,确保制度本身具备良好的操作性和实践性。在高校行政管理中存在着较多环节的信息沟通问题,如管理高层向基层传递信息需要经过多个层级,而基层向管理层传递信息也同样需要经过多个层级,导致信息传递效率较低,难以发挥信息的时效性。基于此,应完善高校行政管理机构,分别设置问题调查部门、意见收集部门、服务监督部门与政策编制部门等,对每个部门的职责和权利给予明确的界定,并构建监督机制,以保障行政管理工作的高效性。此外,在管理方法上应引入信息化管理与量化管理方式,结合院校发展实际与时代发展特征,不断更新行政管理理念,引入先进的管理方式,有效提升高校行政管理的水平。随着社会经济的不断发展,市场对人才培养提出了新的要求,高校需要高度重视管理工作,希望每一位高校行政管理工作者都能保持严谨与认真的态度,使教育管理工作得以完善,行政管理工作得到加强,为我国高等教育的人才培养做出积极的贡献。

(四)加强各部门的协作,增强沟通交流

行政管理应胸怀大局意识,根据高校的发展规划方针,统筹兼顾,有侧重、有目标地安排各项工作,保证学校各项工作的顺利推行。行政管理需要良好的前瞻性,眼中要有学校这个"整体",各部分、教学单位分工协作,并无孰轻孰重的概念。加强各部门的协作,增强沟通交流,吸纳有效建议,弥补当前工作的不足之处,提高整体行政管理水平。

高校行政管理依赖于高校行政管理信息的通畅,信息的通畅离不开有效的管理沟通。为了改善高校行政管理沟通,应做到两个方面:第一,要拓宽信息沟通渠道。人与人之间的沟通除了正式的沟通还需要非正式的沟通,有时候非正式的沟通甚至比正式沟通更有效。高校行政管理人员只有深入研究师生员工喜爱的沟通方式,才能做到管理信息沟通的快捷、有效。第二,要提倡双向沟通。双向沟通是指有反馈的信息沟通,这种反馈可以进行多次,直到双方满意为止,它的优点是信息传递的准确性和接受率较高。

（五）强化行政管理人员的忧患意识

行政管理人员需要增强责任感、使命感，同时也需要忧患意识，增强危机感紧迫感。忧患意识在一定程度上包含预见意识和防范意识。"祸兮福之所倚，福兮祸之所伏"。忧患意识的重要表现就是善于从看似平静的日常工作中预见危机，从有利中发现不利，准确判断，未雨绸缪，防患于未然。我国高等教育事业发展迅速，高校行政管理也需要迎难而上，锐意进取，不断深化教育管理体制改革。丰富行政管理层级、行政管理人员的管理工作经验，完善行政管理工作方法，提升行政管理工作的效率，为我国高等教育事业的发展做出应有的贡献。

（六）提升高校行政管理人员的自我价值感

高校行政管理人员的自我价值感不仅影响其自我实现的进程，影响其自身的心理健康水平，还直接影响其工作效率和工作潜能的发挥。因此，提升高校行政管理人员的自我价值感是必要的，也是具有现实意义的。

1. 提高自我概念水平

自我概念是个体对自己的总体知觉，它包括对自己的生理自我、道德自我、心理自我、社会自我、家庭自我、自我认同、自我满意和自我行动等多维度的认知和评价。低自我价值感的高校的行政管理人员应先学会正确、合理地认识自我，学会欣赏自我，并诚恳地接纳自我，在工作中不断地审视自我、分析自我和探索自我。只有提高了自我概念水平，才能对自身提出合理的目标和期望，工作中才能够很好地把握自己，创造更高的自我价值感。

2. 培养积极思考心态

个体的思维方式的性质决定其行动能力，行动的能力决定其工作的效果，工作的效果决定其自我评价，自我评价决定其自我价值感的质量。高校行政管理人员在开展工作的过程中，常常会遇到许多不确定的因素和不能自主的情况，这些使他们在工作中有不确定感、烦躁不安、无助感、焦虑等情绪。因此，工作中学会运用积极思考法可以帮助他们发现工作中的乐趣,积极地面对工作中的挫折、压力,合理地进行自我心理调节,保证愉快地开展工作,获得满意的工作绩效。

3.提升情绪管理能力

个体的情绪智力更多的是指个体的情绪管理能力。个体的情绪管理能力可以反映一个人的成熟水平,情绪管理能力强的个体可以控制自己的不良情绪,如果个体情绪出现波动时,可以主动地调节,使其适应自己的工作和生活,或者将其对工作和生活的影响控制在最低水平。在工作过程中,无论是由于自身人格因素,还是工作因素,高校行政管理人员都会出现情绪波动,甚至情绪难以控制的情况,如果处理不当,不仅会影响他们开展工作的积极性,还会影响其积极的自我价值感的形成。高校行政管理人员可以通过学习放松技巧,掌握一种或几种放松技巧,帮助自己稳定情绪。通过这些情绪管理技巧或情绪管理方法,可以帮助高校行政管理人员理智地面对工作中遇到的各种情况,成功地处理工作中的难题,并能够得到别人对自己的肯定,有助于他们形成积极、正向、健康的自我价值感。

4.规划职业生涯

合理地进行职业生涯规划可以帮助个体有计划地进行自我实现,让个体在人生的每个阶段都可以形成高自我价值感。高校行政管理人员可以根据个人的实际情况和工作任务,并结合学校的发展目标和方向,对自己的职业生涯进行规划,让自己清楚地知道每个阶段该做什么,可以检验自己每个阶段自我发展和自我完善的课题完成情况。这样他们可以在工作中完成自我实现,进行自我成长,提升自我价值感。

(七)加快行政管理的信息化和现代化建设

信息技术已被越来越广泛地应用到工作、生活的各个方面,充分、合理地利用资源,加速高校行政管理工作信息化、现代化进程,提高管理效率,改善管理条件,逐步做到管理手段和设施的现代化、网络化。

第五章 高校教育管理模式创新

第一节 高校教育管理层面创新

一、管理者提高自身的综合素质

随着我国高等教育的逐步普及,各高校面临着激烈的竞争,高校管理工作也面临着新的任务和挑战。高校教育管理者除要承担教师应尽的责任之外,还因其管理者的身份,承担着更多特殊责任,这就要求必须全面提升自身的综合素质。

(一)促进高校教育发展和推动大学生成长成才

一所高校的成败很大程度上取决于这所高校领导者水平的高低,高校教育管理者的能力素质对高校的发展和大学生的成长成才有着至关重要的影响。为了对所处的时代和所肩负的责任有一个具体深入的认知,高校教育管理者要注重自身管理能力的提高,不断吸收新的信息,不断进行实践和总结,培养良好的执行能力和良好的沟通协调能力。高校教育管理者要注重高校教育管理方法的研究,增强自身科研素质,明确管理的目的,为管理素质的提高奠定基础。高校教育管理者如将科研作为管理过程的先导,管理工作就能深入下去,就能在教育管理中不断发现问题,不断完善管理方法,不断探索新问题的发生过程,使高校教育管理活动沿着科学化、规范化的道路发展。

(二)促进高校教育发展的责任

高校教育管理者掌握着先进的科学技术和管理方法,是高校发展中一支朝气蓬勃、出类拔萃的队伍。因此应该努力用自己的聪明才智为高校的发展尽一份力量,为大学生成长成才服务,这是历史赋予高校教育管理者不可推卸的责任。在科技进步突飞猛进、知识经济已见端倪的今天,民族科技正面临着种种挑战。高校教育管理者接受了正规而严格的治学熏陶,领略着各门学科的无限风光,探求着自然与社会的最新宝藏,因此有能力、更有责任和义务促进我国教育的发展,在高校竞争的舞台上一显身手,推动高校的进步。高校教育管理者要对我国的教育和人才的培养有着高度的关注和思考,对建设有中国特色的社会主义教育、办好人民满意的高校有着深刻的理解,积极投身高校的建设,为不断推进高校的发展而努力。

(三)推动大学生成长成才的责任

对高校教育管理者而言,不仅要注重自我的发展,更重要的是要挑起高校教书育人的重担。高校教育管理者要勇于打破束缚,在举办人民满意高校的道路上实现自身的发展和完善,并以此促进高校教育的发展和大学生的健康成才。责任感的重要性是不言而喻的,责任感的培养和增强既需要高校教育管理者本身的努力,也需要社会外界条件的帮助共同完成。引导高校教育管理者通过实践体现责任,积极拓宽高校教育管理者与社会沟通的渠道,提供各种各样的锻炼机会,使其能够真正接触社会,以成熟的观点认识社会现象,宣传倡导良好的社会风尚,从而培养自身判别是非、应对复杂局面的能力,只有这样才能帮助大学生明辨是非,树立正确的世界观、人生观、价值观。

二、高校教育管理者的素质优化——全方位、多角度相结合

高校教育管理者在工作中除了集思广益、博采众长之外,还应具备管理、规划、发展、远景展望的能力。工作必须有计划、有总结,这样才能保证执行的效果,执行过程中树立大胆创新的观念,自觉运用创新思维,完成高校的目标,这就必须培养自我管理能力与社会责任感。

（一）注重知识更新，加强责任引导

高校教育管理者要在意识到自己责任的同时，把它升华为一种自觉的内心信念，升华为义务感，形成强烈的社会责任感。培养自我管理能力，要把高校教育管理者所具备的业务能力、增加工作经验等作为能力管理的主要内容，根据高校教育管理者的具体情况和需求，有针对性地加强学习与培训，保证获得急需的工作技能和方法，促使高校教育管理者运用自己的理论优势帮助大学生成才，促进高校教育的发展。高校教育管理者作为教书育人的责任主体，具有公民的权利和意识，也必须具有高校的责任意识，从而引导高校教育管理者正确认识个人与社会的关系，认清承担社会责任是实现自我价值的必由之路和强化构建和谐学院的思想基础。个人与社会之间既有区别又有联系，是共生共存、辩证统一的。发挥高校教育管理者的主观能动性和创造性，使他们善于运用科学理性的思维分析问题、解决问题，充分发挥高校教育管理者自身的优势，鼓励自我，勇于创新。青年高校教育管理者接受新鲜事物快，上手能力强，勇于创新，可以通过以老带新、亲力亲为拓展渠道，根据"求新""求异"的特点，加强对其社会责任感的有效引导，帮助青年高校教育管理者用理性的思维处各种纷繁复杂的事物与矛盾，在实践中提高青年高校教育管理者的责任感和事业心，只有这样，高校才能培养出服务社会的人才，自身价值也会得到充分体现。

（二）注重能力管理，拓展创新载体

要培养高校教育管理者健康的心理素质，锻炼坚强的品质并增强抗挫折能力。高校教育管理者要有坚定的职业精神，只有对自己的本职工作付出热情和心血，才能真正把事情做好。在繁重而枯燥的工作中，高校教育管理者只有选择耐心与认真，才能不折不扣地完成教书育人的任务。如果每一个高校教育管理者都能经常对自己的表现进行反思，不断克服自己的惰性和私心，那么高校的教育管理水平就能日益提高。高校教育管理者面对大学生工作中"繁、急、难、重"的工作，要创新载体，注重能力管理,要不断探索新方法,找出新程序,不断提高管理质量,树立大胆创新的观念,注重教育的实效性,从而实现个人价值与社会价值的统一。高校教育管理者最终的目的是为高校发展服务,为社会培养优秀的人才。高校教育管理者只有具备了社会责任感,才能培养出社会需要的人才。

三、切实落实高校教育管理工作

在高校教育管理工作中,辅导员扮演着重要角色,不仅要管理大学生,还要教育大学生,对大学生的学习和日常生活进行正确引导,帮助大学生树立正确的世界观、人生观和价值观。对高校教育管理工作中辅导员的角色进行分析,能促进辅导员更好地对大学生开展教育和管理工作。

高校的建设与发展也在经济社会深入发展的背景下逐步进入了新阶段。高校辅导员需要承担的责任很多,如落实大学生德育教育,落实高校规章制度,组织大学生参加各种教学活动,为大学生提供专业辅导和择业辅导,疏导大学生心理,帮助大学生解决困难,在大学生中发展党员等,可以说高校辅导员责任重大。高校辅导员工作的任务特点是艰巨、复杂并且十分琐碎,这就要求高校辅导员具备较强的心理素质、道德素质以及专业素质。在高校管理工作中对辅导员角色进行准确定位,不断寻找提高辅导员管理工作效率的方法可以促进高校辅导员管理工作的积极开展,实现对高校学生的合理有效管理。

(一)辅导员在高校中的地位及作用

高校辅导员在教育大学生、管理大学生、服务大学生方面肩负着重要责任,同时是高校对大学生开展德育教育工作的骨干力量,负责组织大学生接受德育教育,切实落实高校德育教育工作,指导管理大学生的日常生活。

1. 管理协调

高校辅导员要对大学生进行无微不至的关怀,做到事无巨细,让大学生感到温暖。例如,指导大学生如何管理日常事务、如何管理班级规章制度、如何组织班级活动、如何动员和促进学风建设等,高校辅导员在班级管理工作中要付出足够多的汗水和心血。高校辅导员被高校师生公认为"大学生工作管理员",其在工作过程中要协调校内各部门与大学生之间的关系,做到对校内各个环节进行有效衔接,充分发挥高校管理工作的育人力量。

2.纽带桥梁

高校辅导员可以架起高校与大学生之间沟通的桥梁,既要负责收集掌握和处理大学生的意见和要求,贯彻落实高校政策法规、规章制度,又要组织大学生开展各种校园活动。由此可见,高校辅导员加强了高校与大学生之间的思想沟通,能够为高校的育人工作创设和谐稳定的氛围,促进高校管理工作的高效稳定运行。

3.教育疏导

高校辅导员采取近吸式教育模式对大学生进行教育,教育工作涵盖大学生的各个方面,重点工作是帮助大学生进行职业生涯规划,促使大学生树立远大理想,形成正确的世界观、人生观和价值观,使大学生在学习、生活和工作方面端正态度,为高校培养高素质人才提供保障。

4.成才导师

高校辅导员会影响大学生的方方面面,如思想观念、价值取向、处事态度、行为方式以及学习成绩等,优秀的高校辅导员可以对大学生产生积极的影响。高校辅导员是大学生进入高校以后面对的第一位导师,其负责大学生四年的学习和日常生活,并且对大学生的学习和生活给予引导,直至四年后大学生从高校毕业。高校阶段大学生身体得到发育,思想逐渐成熟,而辅导员对大学生能够产生潜移默化的深远影响。

(二)高校辅导员工作策略

1.加强学习,做个"教育通"

高校辅导员的一项非常重要的工作是针对大学生开展德育教育,为大学生与高校之间架起一座沟通的桥梁,因此高校辅导员要努力成为"教育通",积极引导大学生参加各种思想教育活动,提高大学生的德育觉悟。具体需要做到以下几个方面。

第一,高校要积极开设德育教育课程,或者进行专题讲座,组织大学生在课程或者讲座中积极进行讨论,充分发表自己的见解。之后,高校辅导员再予以补充,让大学生在学习过程中树立正确的世界观、人生观、价值观。

第二,高校辅导员要引用一些经典的话语对大学生进行德育教育,做到用事实讲话。

第三,高校辅导员要提高自己的德育境界,教育大学生的同时要以身作则,正确对大学生进行德育教育。高校辅导员要不断提高自身的德育素质,努力树立在大学生心目中的良好形象,为大学生树立榜样。

第四,为了能够及时了解大学生的思想动态,高校辅导员要及时与大学生进行交流,针对大学生的实际情况采取不同的教学方法。

第五,考虑到大学生通过网络渠道获取信息的特点,高校辅导员要充分运用网络技术对大学生进行德育教育。

2. 身体力行,做个"好榜样"

第一,与其他课程教师相比,高校辅导员与大学生进行交流的时间更长,所以很容易在大学生心目中树立良好的榜样。大学生的素质直接受到高校辅导员素养水平的影响,因此高校辅导员要不断提高自身的综合素质,时刻注意自己的言行举止,做到以身作则,为大学生树立良好的榜样。

第二,大学生中有很多可以作为榜样,高校辅导员要积极发现并且要善于利用,使大学生能够感受到身边同学的榜样力量,激发大学生学习的积极性。还可以选取一些有代表性的大学生作为榜样,发挥其带头作用。

第三,高校辅导员要积极组织大学生开展学习榜样活动。例如,学习雷锋榜样活动、鼓励大学生到社区做义工,到养老院慰问老人等,充分发挥大学生助人为乐的精神。

3.全面发展,做个"多面手"

第一,高校辅导员是大学生思想上的引路人。以提高大学生的思想觉悟作为出发点,高校辅导员要不断加强自身的德育素质,并且积极组织大学生开展党团思想教育活动,为大学生树立学习的榜样。

第二,高校辅导员是大学生学习上的引导者。高校辅导员在大学生工作方面不仅要发挥管理者职能,也要发挥教育者职能。以教授大学生有效的学习方法为出发点,积极学习并掌握相关的专业知识,通过课程教学和活动教学等方式向大学生传授学习方法。

第三,高校辅导员要做大学生的知心朋友,要关爱大学生。高校阶段的大学生还处于成长阶段,辅导员要给予大学生更多的关心和爱护,要及时了解大学生的学习和生活状况,及时帮助大学生解决学习和生活过程中遇到的问题,让大学生感受到温暖,赢得大学生的尊重和信任。

第四,高校辅导员要充当大学生的心理疏导者。高校阶段的大学生还没有摆脱青春期带来的烦恼,面对就业压力和升学负担,大学生的心理很容易出现问题。高校辅导员要积极学习并掌握相关的心理学知识,及时疏导大学生心理,帮助大学生形成良好的心理状态,促进大学生健康成长。

第五,高校辅导员要对大学生的就业进行指导。大学生临近毕业时往往就业方向不明确,高校辅导员要引导大学生设计职业生涯规划,让大学生对自己准确定位,在明确自己就业目标的前提下,制定符合自身实际的职业生涯发展规划,促进自身职业目标的实现。还要积极引导大学生进行社会实践,让大学生在社会实践中学习知识,积累经验,帮助大学生实现顺利就业。

总之,在法治化社会环境下,高校辅导员所扮演的角色越来越多,面对思想活动日趋活跃的大学生,高校辅导员要不断学习相关专业知识,不断提高自身修养,提高自身综合素质。在管理大学生的过程中要及时了解大学生各方面的状况,对其予以正确引导,让大学生少走弯路,进一步提高大学生的学习效率和综合竞争力,促进大学生全面发展。

四、掌握高校教育管理的关键点

教育管理工作是高校整体工作的重要方面。在具体的实践中,高校的教育管理工作者应注意把握其中的几个关键环节,主要包括:入学教育、大学生干部选拔、评优评模组织纳新、军政教练员选拔、开学和放假、大学生基本信息管理、就业信息提供等。只有全面把握高校教育管理的关键环节,才有可能使大学生的管理工作走上更加规范而又科学的道路。

(一)入学教育环节

在入学教育方面,要重点搞好军政训练,从队列、内务、学籍管理规定、日常行为规范、考试制度等方面进行教育和强化训练。同时,还要对大学生加强不同专业的思想教育,使大学生真正明白科教才能兴国,中华民族要想在世界上永远立于不败之地,要先振兴教育事业。此外,还要使大学生了解各省市乃至全国各行各业尤其是本专业的发展现状和前景,使大学生尽快树立一种"今天学知识,明天建祖国,现在准备好,将来去奉献"的职业道德观念,使"奉献自己,服务他人,努力打拼,不断创新"的信念成为他们的终生追求。高校军政训练一般安排两周时间为宜,每个教学班配备两名军政教练员,在早晨、上午、下午分别安排军政训练内容,晚自习时间安排教唱革命歌曲,学习规章制度,个人才艺展示活动,最后经系部初赛,评出军政训练先进班集体,在新生军政训练和入学教育总结大会上进行汇报表演。在入学教育的过程中,各系部的大学生主管领导和辅导员应切实负起责任,加强指导和督查,确保新生入学教育的环节搞得扎实并富有成效。

(二)大学生干部选拔环节

大学生干部的表率作用和榜样作用是无穷的。在选拔大学生干部方面必须坚持原则,把那些品学兼优、具备一定组织能力,在大学生中威信较高的大学生选拔出来,这是至关重要的。在选拔和配备大学生干部时,高校辅导员应当在新生入学前首先审查相关教学班新生的档案信息资料,全面掌握大学生的德育情况和家庭基本情况,将那些政治上可靠、学业上优秀的新生作为大学生干部的备用人选。新生报到后,高校辅导员可以提名一些优秀的大学生担任班委会、团支部临时干部,经过两个月的实践考察,履行民主推荐的程序,分别确定正式班委会和团支部的大学生干部人选。

(三)评优、纳新环节

在教育管理方面,评选"优秀团员""三好大学生""优秀大学生干部""优秀毕业生"以及奖学金的评定、党组织纳新是建立良好的班风、学风和校风的重要激励机制。"优秀团员""三好大学生""优秀大学生干部"以及奖学金,每学年评定一次,"优秀毕业生"每届大学生评定一次,党组织纳新一般每学年进行两次。每次评优、评奖和党组织的纳新工作,高校教育管理部门都会印发相关文件和要求,关键是各系部和高校辅导员要按照文件精神认真抓好落实,认真履行职责,真正将那些拥护党的领导、积极要求上进的大学生早日吸收到党的组织中,将评优和组织纳新的激励作用发挥到最大。

(四)关心爱护和严格要求环节

当大学生遇到生活、学习上的困难时,辅导员和专职管理者及时给予关心爱护和帮助是非常必要的。在对大学生进行管理时,关心爱护和严格要求二者不可偏废,缺一不可,在操作上教育管理者应当和大学生多交朋友,应当多注意观察,进行阶段性的平等交流和对话,用自己的真情来打动和感召大学生。

(五)大学生基本信息管理环节

高校中的大学生来自五湖四海,来自不同的民族、省份,每个大学生的生活习惯、性格、兴趣爱好等都不同。不同的民族更有着不同的民族风俗,家庭经济条件好的大学生和家庭经济条件不好的大学生有着不同的处事方式,这就需要基层管理者,尤其是高校辅导员掌握每个大学生的基本信息,建立每个大学生的信息档案,包括姓名、性别、籍贯、民族、家庭成员基本概况、经济条件、联系方式、谈话记录等。经常与大学生交流,使来自不同民族、不同地域、不同家庭背景的大学生和谐相处,以形成良好的班风。

(六)及时准确地提供就业信息

高校学生的就业形势非常严峻,应教育和引导大学生全面客观地看待社会,了解就业形势和国家的就业政策,坦然地面对社会现实,根据自身和家庭的实际情况,正确选择自主创业、协议就业、灵活就业等不同形式的就业。在大学生接近毕业时,高校辅导员最重要的任务就是给毕业生提供及时、准确的社会各个层面不同行业的用人需求信息,教育大学生提高就业技能。要让大学生知道,只有业务上精良、技能上过硬,并且有良好的心理素质,善于与他人合作,善于创新、吃苦耐劳、讲诚信的人才能在当今社会激烈的竞争中站稳脚跟。

(七)反馈效果与实践引导

高校教育管理工作效果反馈机制的建立是高校进行教育管理的关键环节,是全面分析大学生心理状态、大学生学习动机、思想的重要理论依据。通过对教育管理工作反馈效果的分析,把握大学生内心的变化状态,建立相适应的反馈机制,充分了解高校学生的个性化需求,尽可能地为大学生的健康成长创造便利的条件。针对在思想与行为上需要纠正的大学生,要做好教育疏导工作,引导大学生深思努力学习的重要作用,树立爱国主义思想,形成与社会主流文化发展相契合的世界观、人生观、价值观。实践工作中要高度重视高校教育管理工作与校园总体发展方向的融合,针对不同大学生的生活状况与自身基础水平,创建更加适合高校工作与大学生个性化并存的教育管理机制,达到高校管理更加民主、透明、和谐,更加适应大学生的心理,弥补个体存在的差异。高校教育管理的过程还应高度重视大学生学习品格的培养,引导大学生具备全局观,以社会需要为学习基础,开展一系列的教育宣传活动,把高校学生培养成为社会主义市场经济所需要的优秀人才。

五、掌握高校学生个体管理的艺术

（一）制度的规范和激励功能在高校教育管理工作中的显现

规范性制度和激励性制度在高校教育管理中都有其存在的合理性和价值取向。分析这两种主要制度功能的价值取向和限度,是为了使两种制度功能在各自的层面上发挥其有效性。大学生已具有很强的独立人格和尊严,有非常明确的是非观和价值判断,他们是基于自身理性进行价值认知和选择。规范性制度应是对大学生的权利和义务进行准确的定位,保障大学生完整的公民权和受教育的权利,明确大学生作为公民和大学生应有的行为规则和责任。所以,规范性制度的内容是对大学生行为的基本的限定,对符合大学生基本行为规范提出要求和对不符合的行为给予强制性处理。

这类制度往往与大学生的义务性和责任性的内容联系在一起,只有这些义务性的内容和责任性的内容,才可以用规范性的制度加以保障和规范。某种程度上也可以认为,规范性制度具有"普识"性权利和义务的要求。所以说,规范性制度的价值取向是向内的,通过基本的行为规范和强制性的要求形成良好的习惯,达到品德和素质符合社会公民的要求,或达到良好的公民素质,引领社会文明。

除此之外,在教育管理制度中,应尽可能不采用规范性制度或强制性措施以达到管理的目的。在我国,高校管理制度的制定与实施具有自上而下、以行政规划与管理为主的特点,高校的科层化倾向明显,层次结构划分的是权利和责任。

更多的高校教育管理制度应以积极引导的价值取向,激发和激励每个大学生的个体价值,充分肯定和体现大学生的个体价值,增强大学生积极向上的欲望和动力。激励性制度可以有效地启迪大学生的价值世界,提高他们的价值判断能力,让他们面对开放的、无限沟通的社会生活空间,从容、自主地建构个人的价值世界,成为生活的主体。人才有基本要求,但没有一致的标准,基本要求可以通过规范性制度加以养成,而对人才自身的发展,要通过多样的激励措施和多层面的肯定加以激发。制度或规则应该只是创设一种"教育的情景",提供大学生实践个体价值的活动场所或空间,以贴近生活实际的内容提高大学生的价值认识能力。

(二)以激励性制度引领高校教育管理工作的价值创新

在高校教育管理工作中加强对激励性制度的重视,从激励性功能出发,进行适当的目标定位能够起到三点作用:一是能够实现对大学生的不同认识,引导其不同个性的激发与彰显,推动其明确自身的价值取向。二是能够改变管理者的工作方式,逐步弱化强制性特征,突出以服务为主的角色意识,给大学生创造一个既渗透制度规范,又充满生机与活力的实践提高平台。三是能够达成人才培养方式的转变,避免制度规范性的固化趋同,帮助大学生在个性可以得到张扬的情境中通过自我学习、自我管理和自我服务,实现自我价值。

(三)制度设计

高校教育管理工作创新应高度重视制度创新,并努力使之健全、规范与科学。完整、成熟、合理、先进的教育管理制度不仅反映着一所高校德育工作的理念与机制,而且反映着高校人才培养的目的与要求,还反映着高校教育管理工作的思路、模式与方法,同时也综合反映着高校教育管理工作的境界与水平。理性把握教育管理工作中制度功能的特点以及制度设计的原则要求,在突出制度执行的严肃性、规范性和教育性的同时,更注重加强制度设计,注重制度的激励功能的发挥则是实现高校学生管理工作价值创新的重要途径。

制度设计要建立健全评价机制,优化绩效考核激励机制。一般意义上来说,大学生的行为要求与个人自身的发展目标是相一致的,限制向内,开放向外。通过制度激励性功能的发挥,将对大学生的教育价值的引导渗透于大学生个体成长的过程之中,注重对大学生道德德行的养成教育,无疑应该是高校教育管理工作的基本出发点和重要归宿。

制度设计就是要把个人的道德理性与生活结合起来,通过发挥制度的静态与动态有机结合的激励性功能,强调细化管理,量化管理,在生活中验证、丰富、实践个人的价值理念,并且逐步形成稳定的道德行为习惯,形成个人在日常生活中稳定的道德思考、判断、选择以及行动的基本方式,从而实现大学生在综合素质提高方面保持一定的张力和维度。

(四)价值实现

当代高校教育管理制度应以开放、踏实、平等、尊重的内容、方式、方法面对这个复杂多元的世界,而有效发挥制度的激励性功能对于实现高校教育管理工作创新则有着显著的积极意义。

1. 激励性制度与大学生个人的生活紧贴,可以加强大学生对个人生活世界的体悟

人是社会关系的总和,人总是与周围世界发生着意义关联,通过追寻自身与他人、社会与自我的牵连而获得意义。关注这个"我"生活于其中的世界,并作为一个真实的生命体在这个"生活的世界"中去积极地交往、感觉、发现、理解,增进个人对自我生活世界的自觉意识,逐步形成个人与生活的世界之间和谐、稳定、深刻的联系。

2. 激励性制度引导大学生在价值冲突中审慎决断

道德主体只有在同环境的相互作用中借着我选择才能实现自我的发展,社会提供了无限可供选择的道德情境,个体的道德习惯便是借助一定的思维和感情对这些具体的道德情境自由选择的结果,在对多元价值的冲突和选择中促进个体道德理性的发展和个体道德主体性的全面提升。

3. 激励性制度可以反复强化与训练,形成行为习惯

人们反对简单灌输和对行为的控制、强制,强调在过程中发挥价值引导的作用,积极鼓励和肯定大学生对自身、对他人、对社会有益的行为,并在制度中加以认可,不断地对大学生的有益行为加以增强和延伸,实现对个体差异的尊重,促进良好行为习惯的养成。

4.激励性制度注重大学生行为的自我反思与评价

激励性制度中肯定式的价值评价必然会激发和引起大学生自我行为的认识和思考,并通过对道德行为的不断反思和循环问答,澄明价值并促进道德理性的发展。

第二节 高校教育环境层面创新

一、营造健康积极的高校教育管理环境

随着网络技术的发展,尤其是依托数字技术、网络技术、移动通信技术等新技术,以手机网络、微博客、即时通软件等为代表的新媒体技术对高校网络文化的建设和管理产生了较大的影响。同时,网络的互动、手机与网络的互动,以及网络、手机网络、电视网络三网融合等形成的新媒体环境也在对如何构建一个健康、文明的高校网络环境提出了新的挑战。因此,应加强高校网络文化建设和管理,营造积极、健康的校园文化环境,运用网络新技术在新媒体环境下推动高校新闻网的创新发展,用正确、积极、健康的思想文化占领网络阵地,发挥高校新闻网的优势。

网络文化建设已经成为社会关注的热点,也成为德育教育工作者参与的一个重要的领域,随着网络信息技术的进步,网民的数量在剧增,网络文化业态呈现了多元化的趋势,它对人们的工作、学习、生活产生的影响也越来越大。高校网络管理中心是全校网络运行的最主要的支撑平台和防范不法分子利用网络破坏高校稳定的堡垒,是展示高校整体风貌的"窗口",是高校重要的舆论宣传阵地。人们认为,大力加强高校校园网络文化建设的探索与实践,坚持以下五个方面的创新,是实现高校网络文化建设朝着健康、文明、和谐发展的有效途径。

(一)加强高校网络德育工作队伍建设

在信息化的电子时代,网络德育教育日益显得重要而迫切。当务之

急,高校需要建立一支高素质的网络德育工作队伍,这支队伍不仅要具有较高的德育教育理论水平和丰富的德育教育经验,还要掌握计算机网络的基本知识和技能,熟练地利用网络平台开展德育工作。网络德育教育工作的展开,要以了解和熟悉网络语言、网络文学、网络游戏等网络文化的各种形态为前提,把握大学生的思想动态,关注和参与他们的网络生活,及时进行心理辅导和思想引导,使德育工作渗透到大学生的虚拟生活之中,使网络时代的德育工作取得更好的效果,这就要求加强高校网络思想教育工作能力建设。加强校园网络文化队伍建设,还需要合理配套各类专兼职人员,既要有网络专业技术人员,又要有网络管理人员,还要有网络文化研究人员。按照"提高素质,优化结构,相对稳定"的要求,建立统一指导、各方配合、责任明确、优势互补的网络工作队伍。凭借这支队伍,努力实践并着力打造"绿色网络校园"。通过各种途径密切关注网上动态,随时与大学生进行平等的沟通与交流,及时回答和解决大学生提出的有关学习、生活、就业等方面的问题,增强大学生网民的信息解读能力,引导大学生运用辩证的观点和科学的方法分析问题,明辨是非,增强对网络文化的辨别力,帮助他们健康上网。

(二)提高大学生的文化素养、自我调节与管理能力

培养和提高大学生网民对有害信息的自觉抵制意识和能力,对于建设社会主义网络思想阵地具有基础性的意义。首先,要使青年大学生学会做自己的心理医生。青年大学生的情感丰富而又容易冲动,因此要学会保持健康的情绪,适时宣泄不良情绪,找到合理表达自己诉求的方法。其次,要使他们学会计划自己的生活,建立合理的生活秩序。最后,培养大学生的道德自律意识。大学生阶段是一个人的世界观和人生观的形成与定型阶段,因此教育他们在网络社会里遵守起码的行为准则,自觉加强修养,树立正确的世界观和人生观显得非常重要。在这方面,高校可以通过开展关于网络游戏道德方面的座谈会,让大学生参与进来并自由讨论,提高大学生的网络自我教育能力。

（三）营造积极健康的校园文化环境

高校应该有意识地组织力量开展网络信息安全方面的科学研究,利用技术的力量对侵入网络的有害信息进行处理,努力净化网络环境,将有害信息拒之校园网外。高校应该加强校园文化建设,丰富大学生的业余文化生活。首先,要以大学生为本,积极开展充满时尚和青春活力的文娱活动,想方设法吸引大学生的兴趣和注意力。其次,及时对沉迷网络游戏的大学生给予关心和帮助,为他们营造一个积极、健康的学习和生活氛围。最后,高校适度介入网络游戏,为大学生创造一个积极向上的、健康有序的网络文化环境。

（四）加大网络监管力度,有效管理网络文化

大学生对新鲜事物的探索和尝试较为积极。高校可以发挥德育教育的优势,引导大学生明是非、辨美丑,树立良好的网络道德品质。校园网络文化技术上的监管可以从以下三个点切入。

1.校内网站监管

网站留言板和 BBS 均以互动方式进行交流,任何人都可以方便地发布信息,属于校园网络文化监控的重点。现在的留言板和 BBS 在技术上可以做到实时记录发布者的用户名、发布时间、上网计算机 IP 地址,以及上网计算机安装的操作系统和浏览器版本等资料。这样,既可以保证大学生发布的信息有据可查,又可以对大学生产生自我约束效果。

2.校内上网场所监管

通常,高校校内可以上网的场所有公共计算机房、大学生机房、网络实验室、电子阅览室、大学生宿舍等地点。公共上网场所的计算机可以使用机房管理系统软件进行管理,大学生凭大学生证实名登记上网,有条件的高校也可以使用校园 IC 卡刷卡上网。机房管理系统软件具备了记录上网时间、上网计算机 IP 地址的功能。大学生宿舍上网管理可以简单地采取分配固定 IP 地址、用绑网卡 MAC 地址等手段,也可以安装一套宽带认证计费系统软件,上网者通过账号和密码登录上网并接受软件的管

理。这样,通过技术上的管理措施,结合网站对信息发布者相关资料的记录,可以按图索骥,较方便地找到发布信息的人。

3.校内网络信息监管

要想有效阻挡校外网络不良文化传入校园网内,可以采取在校园网网关处对网络信息进行过滤的方法。

二、与校园文化建设有机结合

高校校园文化是以高校的校园为空间,主体是高校的大学生、教职员工,主要内容是课余活动,基本形态是多学科、多领域的文化,广泛地交流和特有的生活节奏,它是具备了社会时代发展特点的群体文化,是一所高校特有的精神风貌,也是大学生道德品格情操的综合反映。简而言之,高校校园文化是以教师为主导,大学生为主体的,在特定的校园环境中积淀形成的与社会时代发展密切关联且具备校园自身特色的人文氛围、校园精神和生存环境。

(一)校园文化与教育管理的基本内涵

1.校园文化的内涵

校园文化是指由全体师生员工在长期的教学实践过程中培育形成的共同遵守的道德标准、价值观念及行为规范。它以大学生为主体,以校园为主要空间,以育人为导向,以精神文化、环境文化、行为文化、制度文化建设为主要内容。环境文化是校园文化的基础,主要包括"硬环境"和"软环境";精神文化是校园文化的灵魂,包括校风、学风、教风、作风等;行为文化具体体现在师生员工的言行举止中,主要包括各类人际关系、道德行为规范等;制度文化是校园文化建设和高校正常运转的保障,具体包括各类规章制度,如校规、班规、宿舍管理规定、社团规章制度等。此外,校园文化具有五个方面的功能,包括导向功能、教育功能、凝聚功能、约束功能、陶冶功能。此五项功能作用于大学生学习和生活的全过程,正确地引导大学生健康发展。

2.教育管理的内涵

教育管理是指高校教育管理工作者通过各种手段,对大学生在校期间的学习、生活和行为进行管理和规范,旨在维护高校正常的教育教学秩序和大学生的生活秩序,保障大学生身心健康,促进大学生德、智、体、美、劳全面发展。根据相关规定,高校教育管理包括大学生的权利与义务、学籍管理、校园秩序与课外活动、奖励与处分、大学生申诉等诸多方面。其中,学籍管理包括入学与注册、考核与成绩记载、转专业与转学、休学与复学、退学与毕业、结业和肄业;校园秩序包括大学生行为规范、寝室管理、环境卫生维护及其他规章制度;课外活动包括各类社团活动、勤工助学及社会实践等;奖励主要指对在思想品德、学业成绩、科技创造、体育文娱及社会服务等方面表现突出的大学生给予的物质或精神上的奖励或表彰;处分是针对违反学习和生活纪律的大学生实施的惩罚,包括警告、严重警告、记过、留校察看、开除学籍。此外,随着高校教育管理工作的不断创新,高校也越来越注重对大学生的服务,绿色通道、就业服务、心理辅导等工作也成为高校学生管理工作的重要内容。

3.校园文化对教育管理的重要意义

校园文化与教育管理具有密切的关联性。第一,二者目标一致。校园文化与教育管理都以育人为目的,以为社会培养高素质的综合型人才为目标。第二,二者主体一致。校园文化以大学生为主体,大学生是校园文化建设的参与者与受益者。教育管理同样以大学生为主体,大学生是大学生管理工作的中心。鉴于校园文化与教育管理在提高大学生综合素质、培养复合型人才上的一致性,加强校园文化建设必定可以推动教育管理工作的完善和创新。大学生思想和行为内容不断延展,教育管理离不开"大学生本位"的教育思想。充分发挥大学生的主观能动性,对于高校和大学生的发展以及校园文化的建设大有裨益。因此,一些先进的教育理念必须被广大教育管理工作者所接受和运用。"以人为本"的育人环境和氛围离不开校园文化的建设,校园文化作为一种群体性文化,通过长期的沉淀与升华,形成了人们共同遵循的价值标准、行为规范和崇高追求,而校园文化所具备的导向、陶冶等功能,潜移默化地影响着大学生的思想和行为,大学生在特定的人文环境的熏陶下成长,形成健康的人生信念和价值追求。

(二)构筑良好的校园文化环境,为高校教育管理提供物质保障

教育管理以服务大学生为根本目的,为大学生构筑良好的、有序的校园环境是管理大学生的前提。首先,高校校园文化环境包括校园物质文化环境,它是指高校为师生员工学习、工作、生活、娱乐等活动提供的物质条件。高校的物质文化环境是高校校园文化的"硬件",也是高校教育管理工作的基础环境或基础条件。例如,高校的环境幽雅、景色迷人,就可以用其自然美的景观来陶冶大学生的性情,塑造大学生美的心灵;校园的合理布局、花草树木、名人塑像、橱窗、宣传栏等可让大学生耳濡目染并感受浓郁的校园文化氛围。所有这些景观背后,都示意了包括建筑文化、历史文化、艺术文化、现代科技文化等"亚文化"的独特的内涵所在,而这种"亚文化"和校园总体建筑本身所构成的校园景观使校园能时时处处洋溢着浓厚的文化气息。大学生通过干净、整洁、优美的环境的陶冶和塑造,既约束了自己的行为,又提高了自身的人文素养,达到促进高校教育管理工作开展的目的。其次,高校校园文化环境包括知识学术环境,主要指学术科研、教学管理、学风建设等方面的情况和条件。它是衡量一个高校校园文化建设的好坏、管理水平高低的重要因素,它甚至直接影响育人的质量。最后,高校校园文化环境包括人际关系环境,主要是指校园内部的人际关系,如大学生之间、师生之间、领导之间、教师之间等多方面的关系,和谐、融洽的人际关系环境能使大家保持良好的心理状态,利于教,利于管理,利于大学生的健康成长。

(三)创建科学的制度文化,促进高校教育管理和谐有序

高校校园文化是社会整体文化的一部分,必须加以科学引导和规范,因此要创建科学的制度文化。制度文化是校园规范化建设和制度化建设

的集中体现,这要求高校教育管理必须在各种规章制度的约束下进行,规章制度对教师教学行为的约束、对大学生行为规范的养成、对校园健康向上氛围的形成有着很大的促进作用,这也将促进高校教育管理和谐有序地开展。高校的制度文化包括道德行为规范、公共生活准则、校规校训、业余及课余活动规则等方面,要根据本校情况制定和完善高校各项规章制度,在校党委和行政的宏观领导下,调动高校所有职能部门的积极性,上下协力、齐抓共管,使校园生活规范化、制度化。

(四)校园文化建设促进教育管理工作的基本途径

1. 加强校园环境文化建设,提升服务大学生能力

校园环境文化可以称为校园物质文化,与精神文化相对,它是校园文化中的基础系统,是校园文化建设的前提,是精神文化的有效载体和实现途径,也是校园文化的直观体现。

第一,重视校园"硬环境"的建设。所谓"硬环境"又称物质环境,主要包括校园建筑、校园景观、教学设施、体育文娱设施及周边环境等,这些能看得到、摸得着的实体都反映了高校的教育理念和精神风貌,物质环境是开展育人活动不可或缺的基础和物质保障。因此,这就要求高校加大对"硬环境"的投入力度,尽可能完善校园基础设施,为师生开展丰富多彩的教学活动、文娱活动提供重要的载体,使师生学有其所、乐有其所。在打造校园"硬环境"的过程中,各类建筑和设施应达到美感教育的标准和功能丰富化的要求,如校园建筑,包括教学楼、图书馆、宿舍楼、体育馆等,作为大学生学习和生活的重要场所,应具备实用与艺术的双重功能,愉悦大学生的身心,使大学生在不知不觉中受到影响和启迪。同样,校园景观建设也应达到使用与观赏功能的统一。校园的园、林、水、路、石等人文景观有助于陶冶大学生的情操,塑造大学生美好的心灵,激发大学生的进取精神,促进大学生的身心健康发展。大学生在优美的校园环境中成长,有助于激发其爱校热情,有利于教育管理工作的实施。

第二,重视校园"软环境"建设。"软环境"是相对"硬环境"的一个概

念,也是一种精神环境,主要包括校园内的人际氛围、舆论氛围等。人际氛围主要指校园内的各类人际关系,包括教师与学生、学生与学生、教师与教师、领导与教师之间多层次的人际关系。每个人都不是孤立存在的个体,高校学生所有的学习和娱乐活动都是在与人交往的过程中实现的,高校是个小社会,社会交往是大学生社会化的根本途径。大学生通过社交建立相对稳定的人际关系,人际关系网对大学生的一言一行和身心发展影响重大。和谐的人际关系有利于维护校园秩序,使大学生形成正确的是非观念。因此,教师在大学生人际关系形成的过程中应发挥主导作用,正确引导大学生坚持平等、相容、理解、信用等交往原则,选择道德高尚、心地善良、积极进取的人交往。此外,教师作为大学生之间的裁判员,应坚持公开、公平、公正的原则化解大学生之间的矛盾。

2.加强校园精神文化建设,营造和谐育人氛围

第一,重视传统教育。要深入挖掘中华优秀传统文化蕴含的思想观念、人文精神、道德规范,结合时代要求继承创新,让中华文化展现永久魅力和时代风采,可见,传统文化对于公民形成正确的价值理念、行为规范、理想信念尤为重要。高校教育工作者要坚持"传承与创新相结合"的原则,通过各类教学和文化活动,如实践教学、演讲比赛、征文大赛、文艺会演等活动形式,传播优秀的传统文化,其中包括天人合一的和谐精神、自强不息的进取精神等。同时,深刻挖掘高校的文化底蕴和历史传统,讲清楚高校的历史和文化,使大学生感受高校的魅力所在,从而激发大学生的自尊心、自信心以及爱国、爱校情怀。教育管理工作者只有本着与时俱进的原则,融入先进的教育理念,方能不断深化校园精神文化。在优秀传统文化熏陶下的大学生更易于塑造健全的人格,培养高尚的品格,这与大学生管理工作的目标相一致。

第二,加强校风建设。校风即高校的风气,是一所高校鲜明的个性特征,它体现在全体师生的精神风貌上。校风是一个多层次、多要素的动态系统结构,涵盖教风、学风、作风、班风、舍风等各类校园风尚,良好的校风有利于大学生思想品德、道德情操、行为习惯的形成。因此,校风建设是

育人的关键环节。加强师德建设、提高教师的业务素质有利于形成良好的教风,良好的教风对大学生汲取知识、培养能力意义重大,班级是大学生获取知识和提高素养的主要场所,和谐、向上的班集体对大学生的学习兴趣、道德品质、行为习惯和良好学风的形成有着促进作用。为加强班风建设,首先要对班级日常管理进行严格的要求,用制度来约束大学生的言行;其次要营造浓厚的学习氛围,通过互帮互助、嘉奖优秀等方式激发大学生的学习动力,培养大学生良好的学习习惯,使每个大学生都能成为群体的典范。此外,宿舍是大学生生活起居的唯一场所,良好的舍风有利于大学生养成好的生活习惯,如早起早睡、勤奋上进、锻炼身体、读书看报等。好的生活习惯对于大学生进入社会、成家立业有着长远、深刻的影响。为加强舍风建设,需要严格规范宿舍管理制度,对于不遵守宿舍制度的大学生加以管教和约束,还要发挥大学生干部和大学生党员的榜样作用,带动大学生养成健康的生活习惯。

3.加强校园制度文化建设,建立并完善规章体系

第一,完善规章制度体系。校园规章制度是全体师生共同遵守的行为准则,对于大学生来说,规章制度犹如一面镜子,时刻提醒大学生正其冠、端其行;对于高校来说,规章制度是高校文明的标志,高校力求在育人实践中加强"制度化、科学化、规范化"的管理,努力使各项工作有章可循。严格的规章制度能保证教学工作的顺利推进,是大学生成才的重要保证。因此,建立和完善科学的规章制度体系尤为重要。随着高校教育改革的不断推进,高校的制度建设也应朝人性化、科学化的方向发展,尊重大学生的人格,倾听大学生的诉求,使师生关系更加和谐,教育管理工作更容易开展。同时,规章制度的制定应具备科学性、合理性、可操作性等特点,规章制度自身的完善是规章进入执行程序的前提,是教育管理工作顺利推进的保障。

第二,提高规章制度执行力。教育管理工作以高校各项规章制度为依据,规章制度的执行力影响着教育管理工作的成败。科学的规章制度是高校各项工作开展的保障,所以,提高规章制度的执行力是保障各项制

度落到实处的根本途径。教育管理工作者在执行规章制度的过程中应做到事前防范,事中控制,事后监督。事前防范可以防止违纪行为的发生,并降低管理成本,减少管理压力;事中控制可以保证制度的严肃性,使制度在公平、公正的原则下运行,防止事态偏离正常轨道;事后监督对制度执行者和制度执行情况进行考核,可以不断完善制度体系,使制度更加科学、合理。除此之外,应不断加强大学生的德育教育工作,使大学生认识到遵纪守法的重要性,积极号召大学生自觉遵守规章制度,做到自尊、自爱,使每一个大学生都能成为遵纪守法、道德高尚、素质优良的时代典范。

第三节　高校教育体制建设层面创新

一、加强法治化建设

(一)高校教育管理工作法治化建设的必要性

高校教育管理工作法治化建设的推进是当前构建和谐社会的重要内容,是促进高校学生健康全面发展的重要途径。

1.是完善高校法治教育体系的重要措施

法治是社会生活的重要组成,是学生接触社会、进入社会过程中必然要接触到的社会内容。因此,高校教育管理工作法治化建设的推进,能最大限度弥补高校法治教育的空白和漏洞,为学生的健康成长保驾护航。

2.是促进学生全面发展的重要内容

在法治社会里,法治是单位人生存及发展的必备基础。高校教育管理工作法治化建设的推进能为学生打开另一扇窗户,让学生从法治的角度去看待这一社会及社会运行的本质,在帮助学生成为全能型人才的同时,促进学生世界观、人生观、价值观的全面发展,帮助他们顺利地走入社会。

3.是高校进行管理体制变更的内在要求

高校作为一种独立的事业性法人,它享有办学的自主权利。学生也享有自主选择自己喜欢的院校以及自己喜好的专业的权利。高校和学生之间的活动受到国家法律的保护,双方根据自身的意愿进行约定,这就是人们常说的合同调整。高校要为学生提供对应的学习条件和服务,让学生顺利地完成学业;同时,学生也需要遵守高校制定的相关制度。随着高校内部管理体系不断完善,高校后勤社会化的脚步不断加快,高校不再根据其作为管理者的态度去管理学生,而是根据所制定的规范化标准,即和学生之间所达成的约定对学生实施管理。社会化的后勤体系主要表现为开放式的管理模式,要想让大学生适应高校后勤服务的社会化管理,实现高校的最终教育目标以及高校管理模式和社会发展形势相适应,就必须对学生的管理实施法治化。

4.是高校办学方向的自我要求

高校作为社会一个不可或缺的组成部分,其科学、文化的传播能够直接影响我国的法治化建设。同时,在我国社会主义法治化建设方针的指导下,我国的全体公民必须具备一定的法律意识和相关的法律知识。而高校是人才培养的重要基地,大学生的法律意识以及法治观念对于我国社会的发展和国家事业有着一定的影响。大学生是一个有文化、有素质的群体,在言谈举止各个方面都能够对社会产生影响和示范的作用。提升大学生的法律意识,加强大学生的法治教育,让大学生在法治的影响下规范自身的学习和生活,提升大学生的素质,让大学生逐步形成遵纪守法的意识和习惯,能对我国社会的法治化进程起到一定的推动作用。

(二)高校教育管理工作法治化建设推进的具体措施

高校教育管理工作法治化建设的推进,其主要目的在于营造一个良好的法治氛围,将法治理念植入学生的思想,在促进学生全面健康发展的同时,为社会经济建设做出力所能及的贡献。结合高校教育管理工作开展的现状,可以从以下几个方面采取措施,推动法治化建设。

1.制定完善的法律监督管理制度

高校在教育管理方面有很多权利,这些权利具有一定的意志性以及单方强制性。所以,要制定一个完善的高校教育法律体系,依法规范高校管理工作,促使司法程序充分地贯彻到高校教育管理工作过程中,通过法律的途径使高校和学生的权利平衡得到保障,保护大学生的合法权益。

2.开展专题教育讲座,传播法治理念

高校教育管理工作的法治化建设,应先对学生的法治理念进行培养。在众多法治化教育手段中,专题教育讲座是较为有效的一种。可以邀请一些较为著名的讲师就大学生感兴趣的某一内容进行教育和引导。在对这一专题进行法治教育渗透的过程中,可以借鉴一些国外的法律经验,让学生有一个正确的法律概念,以便在今后遇到类似问题时能做出正确的选择与判断。在开展专题法治教育讲座的过程中,要注意两个问题:一是专题与大学生的兴趣倾向应保持一致,二是一定要与大学生进行互动。

3.提升高校教育管理工作队伍素质

在高校教育管理工作中,一个高水平、高素质的管理队伍能够有效地提升教育管理工作的效率,可以在校外聘请一些专职的法律相关工作者,组建一个大学生法律救助的组织,与一些司法单位建立长期稳定的合作关系,共同受理申诉的各类案件。

4.建立正规的管理程序

实现法治化的重点在于管理的具体程序。如果实现了管理程序的法治化就等于实现了管理行为的法治化。在校学生如果违反了高校的相关规定,在对学生进行处分前,需要第一时间通知学生,以此保证学生的知情权,使学生的合法权益不会受到侵犯。高校还要设立听证制度,对学生的知情权进行进一步的保护。同时应建立相应的申诉体系,让学生拥有为自己辩护的权利,并设立有效的司法救济体制,对学生的合法权益实施最大化的保护。

5.充分利用"校地联动共学共育"环境,营造法治化氛围

加强和推进大学生法治教育,仅仅局限在校园内是不可行的。只有让学生与社会实际进行接触,学生所掌握的法律知识及形成的法律理念才能派上用场。结合"校地联动共学共育"实践活动的背景来看,校园作

为根本的基地,承载着这一实践活动的资源需求,同时也为大学生法治教育工作的开展提供了实践的平台和渠道。

6.坚持平等,服务学生

高校应有平等、履行义务的意识,满足学生的合理要求。对高校内的一些不良风气,管理者应认真分析,依靠思想教育等多种手段加以改变,这是履行国家交给高校的义务,也是高校履行对学生的"服务"。

总而言之,就高校教育管理工作的法治化建设来说,教师应起好模范带头的作用,为学生法治化理念的形成奠定基础和条件。同时,教师还应与学生进行良好的沟通,随时解答学生的法治疑惑,为学生在法治环境下健康成长做出努力。

二、健全管理机制

我国当前的高校教育管理模式应顺应当下大学生的特点,创新管理模式,建立健全管理机制,在加强教育管理队伍建设和相关的规章制度建设等方面,有针对性地提出对高校教育管理工作可供操作的对策和建议。

高等教育从规模发展转变到稳定规模、提高质量的内涵发展的道路上,学生发生了很大变化,尤其是新一代大学生的入学带来新的挑战,学生工作如果还固守原来的管理理念必然会带来许多的问题。从科学发展观来看核心是以人为本,对于高校而言就是要以学生为本,管理理念应注重过程,还要加强高校的教育管理机制,具体应从以下两个方面着手。

(一)建立科学的教育管理机制,强化管理队伍建设

解放思想,更新观念,建立"以学生为本"的科学管理机制。人是教育的基础,也是教育的根本,一切教育必须以人为本,这是现代教育的基本价值。所以,教师认为高校应树立以学生为本的教育管理核心理念。要实现以学生为本的教育管理核心理念,就要尊重青年学生,尊重他们的人格,尊重他们的个性,尊重他们的基本权利和责任。管理是引导、影响、感染、解放,以学生为本,是对学生人性的唤醒和尊重。真正的管理是以学

生为本的管理,让学生体验高校生活的美好,体验学习成功的快乐,体验同学间友谊的纯洁,通过各种教育活动培养他们积极的人生态度、鲜明的价值判断、丰富的思想体系。教育管理要高度关注学生的自由、幸福、尊严和终极价值,用全面发展的视野培养全面发展的人。教育管理要体现人文关怀和道德情感。无论现代管理手段多么先进,都应肯定面对面的教育工作;无论现代传媒多么发达,都应重视人与人之间感情交流的融合;无论各项制度多么完善,都应注重人文关怀和道德情感。现代管理要用真理的、人格的、道德的以及情感的力量,将外在规范要求内化为思想品格,教育管理工作要认同学生在高校的主体地位,了解他们,尊重他们,为他们服务,准确把握学生的思想脉搏,不仅要掌握学生的群体特点,还要关注学生的个性特征。不仅要把他们看作教育管理关系中的权利主体,还要把他们看作能动的、有创造力的行为主体,真诚关爱学生健康成长,坚持解决思想问题和解决实际问题相结合,从学生发展需求出发,把职业发展、心理健康、帮困育人作为人生指导的重要内容,把教育着力点从控制转向积极引导和真诚服务上来。改变传统教育管理者高高在上的姿态,从以教师为中心的模式转变为以学生为中心,充分肯定学生的优点,给予学生相对自由的空间,发挥其自主性和创造性。

大学生具有强烈的参与意识,喜欢竞争且个性独立,他们希望被尊重。根据这些特点,应该提倡学生的自我管理、自我教育,教育管理者应担当指导者的角色,引导学习和工作的方向,并且在过程中给予提示和建议。加强教育管理队伍建设,高素质的教育管理人员是教育管理工作的重要保证,也是教育管理工作是否顺利有序进行的关键。在加强教育管理工作方面,要严格要求教育管理者按照规章制度执行工作职责,建立完善的工作监督体系;还要在工作、生活上关心他们,充分调动其工作的积极性;同时要大力加强教育管理者的培训和学习,经常安排他们参加各种业务培训活动,提高业务水平。

(二)规范管理,完善规章制度

想要规范规章制度,其中制定程序是关键。目前,高校的规章制度一般都是由相关职能部门负责起草,法治工作部门负责审查,经校长(院长)办公会议审议通过后,由高校公布施行。因此,规范规章制度的制定程序涉及起草、审查、审议与决定以及公布等诸多环节。

第一,起草工作最具基础性,对于保证规章制度草案的质量有着决定性的作用。在起草工作开始前,起草部门应当对拟起草的规章制度进行必要性和可行性论证,高校也应按期编制计划。规章制度项目只有经过深入调研,论证充分,各方面条件都比较成熟,经批准并列入计划后,才能开始起草工作。立项程序的设置对于事先发现问题并解决问题具有重要意义。

第二,在审议和决定阶段,必须明确规章制度草案须经校长(院长)办公会议按照规定的程序进行审议,经审议通过的规章制度必须在全校范围内公布。同时,还应当允许教职员工和学生查阅、复制或者摘抄已经公布施行的规章制度,并且建立相应的权利保障机制。

在管理工作中,学生不论在学习还是生活中出现的问题能够得到积极有效的解决,通过问题的解决使学生对教育管理工作产生信任感,愿意积极配合教育管理工作,同时还能够促进教育管理工作的发展和进步。跟随时代变化,及时更新换代各种规章制度,规范管理,使高校的管理更加贴切和符合新一代大学生的要求。

三、提升信息化管理水平

(一)高校教育管理信息化建设的必要性

高校教育管理的信息化建设是高校教育管理进步的内在要求,信息化平台的建设也为高校教育管理工作提供了具体的服务内容。目前高校教育管理系统的开发,多是针对高校的整体管理,涵盖了高校的科研管理、财务管理、网站管理、图书馆管理等内容。因此除了教学管理工作外,教育管理工作也是高校管理的一项重要的工作。

1. 提高高校管理工作的效率和管理水平

高校作为国家教育的重要主体,关系到国家教育水平的发展和社会进步。高校的教育目标是为国家输送大量高素质人才,为国家建设提供人才输出。高校学生的教育工作,不但是专业知识和技能的培训,还包括大学生心理健康以及发展综合素质的提升。高校学生辅导员是学生日常事务和学习生活的辅导者和管理者,对于学生的发展和成长起着关键的作用。越来越多的日常事务和学习管理工作都能够通过信息技术和网络技术实现,信息化建设已然成为教育管理工作的一个有效途径。

高校教育管理工作的开展是高校其他工作开展的基础和核心,也是其他学生工作有序开展的前提。利用网络技术等信息化技术,实现高校教育管理的信息化建设是提高教育管理工作效率和水平的一个有效手段。利用信息化技术的综合处理特性对学生的各类信息进行高效的处理,处理的结果也可以通过网络平台更快更直观地表达出来,信息的处理结果可以在互联网上供师生及时地查看,学生信息得到了更加高效而准确的处理,降低了教育管理工作中很多繁复工作的难度,管理者也有更多时间致力于其他方面的管理。工作效率的提高让教育管理工作安排更加合理,避免教育管理工作中心偏移,更好地协调教育管理的各项工作。

2.优化高校教育管理流程

高校教育管理工作环节复杂,涉及大量的事务性工作,如学生信息更新、学生奖学金、学生评优、学生选课等,这些工作往往是先由院系等学生工作处进行处理,然后再汇总到高校学生处。这样的工作流程环节多,管理层级也比较复杂,由上而下的管理模式更容易出现疏漏,效率也比较低。信息化管理平台很好地优化了这种复杂的管理模式,简化了整个教育管理工作流程,让高校的有关职能部门、院系和学生三者之间有更好的管理平台,学生信息的接收、处理和汇总也有更加便捷的流程。除此之外,在网络模式下,教育管理工作还摆脱了一定的空间束缚,教育管理工作可以在网络中完成而不需要到相关部门进行实际操作,让教育管理工作更加灵活。针对我国高校教育管理人数众多,管理结构复杂的现状,信息化建设能够更好地协调高校各部门之间的工作,对优化高校管理流程有很强的现实意义。

（二）高校教育管理信息化建设模式

推动高校教育管理信息化建设的关键就在于对教育管理工作的相关信息进行采集和处理，将这些信息按照一定的信息处理规范，建立学生信息管理数据中心，采用一系列计算机技术开发教育管理工作的业务系统，实现对学生信息的管理，并在网络平台实现多部门的学生信息管理服务，为学生提供一体化的信息服务。学生通过信息化管理模式能够更快更准确地获得信息，高校也能通过信息化管理平台更加高效地处理学生信息，提高了高校管理的整体水平。构建高效教育管理信息化模式，主要包括以下几个方面。

1. 制定严格的信息标准

高校教育管理工作的信息化建设涉及大量的学生信息，所以高校教育管理信息化标准要具备一定的适用范围，能够涵盖教育管理相关的信息。在此基础上，其他的管理业务才能够利用这些信息完成具体的功能。

2. 建立统一的管理数据共享处理平台

高校信息化教育管理系统需要在校园内部建立一个信息共享的平台，教育管理的相关信息在网络中传输交换，利用网络高速的特点提高信息传输和处理的速度，这就需要一个综合性的信息交互平台，将高校的各个职能部门和院系联系起来，能够收集并处理需要管理的学生信息，在高校中建立一个封闭的管理信息平台。管理信息的共享平台，要能够协调应用中不同的数据结构，如 Oracle，sQL、MySQL 等共享和集成的问题，从而更好地解决高校管理信息的孤岛问题，让各种管理相关信息都能够在管理系统中有序地高效地流通起来，这也是管理工作效率提高的关键。管理平台对于数据的转换，提供非编程数据转换功能，让管理信息在所有的管理部门都能够进行处理，并对这些处理进行记录和监控，在全网建成一个健康的安全的信息共享平台。

3. 主题数据库与功能数据库

主题数据库是集约化的数据库，具备很强的共享功能，整个数据库系统中的数据都是集约化和共享化的,有利于管理系统信息交流和处理,避免了过多的信息转换和交流障碍。主题数据库模型是由底层数据标准数据库、数据交换平台和业务数据库构成的。底层主题数据库是符合统一数据标准的主数据库,作为所有管理信息的总集合。数据交换平台将来自不同业务数据的数据统一化交换,不管是主数据到功能数据库,还是功能数据库回传数据到主数据库,都需要经过数据交换平台,为整个系统内容的信息交流提供一个通道。业务数据库也可以称作功能数据库,具有不同的功能,如教务数据库、招生信息数据库、财务数据库和毕业生数据库等,这些数据库中的内容属于不同的管理职能,通过数据交换平台就可以将这些功能联系起来,协同完成特定信息的管理。

4.基于数据库的业务系统

有了完备的数据库系统和数据交换平台,要实现具体的业务功能,就要在数据库系统的基础上,按照数据标准开发相关的管理业务功能,将学生信息从招生阶段、入学阶段、在校阶段、毕业阶段等联系成"一站式"管理服务模式,详细记录学生的各项信息,用电子档案的形式,不同阶段交由不同业务功能进行处理。

(三)高校教育管理信息化建设策略分析

1.充分认识信息化建设的重要性

信息化浪潮的到来把高校信息化建设的问题推上了全新的战略高度。高校作为国家教育活动的基本单元,对社会发展和科教强国的策略起着至关重要的作用,如何提高高校教育管理水平,加快向社会建设输送高素质人才已经成为高校发展面临的重要问题。运用电子信息技术实现高校教育管理信息化建设工作是提高高校效率的一个重要手段,高校信息化建设已然成为教育发展的重要环节。如何真正发挥信息化建设的优势,借助社会力量有效地推动高校教育管理信息化建设,要充分认识信息化建设的重要性,深入理解信息化系统的优势,从人为角度优化管理工作,借助信息化系统能够实现更快更好的管理。也只有认识到信息化建设的重要性,才能加快信息化建设的投入,让高校教育管理系统更快地建立起来并发挥作用。所以,信息化建设的第一步是抓住信息化建设的机遇,找到现有管理系统中的不足,开发适合自身应用的信息化系统,实现高校教育管理的跨越式发展。只有认识到信息化建设的重要性,加大信息化建设的投入力度,让信息化建设进入正轨,才能有力地推动信息化建设进程。

2.提高管理人员水平,加强信息化管理队伍建设

为了更好地推动高校学生管理信息化建设,还要从管理者入手。建立健全的管理系统与管理队伍非常重要。管理队伍是高校管理决策的制定者,是管理制度的执行者,是管理工作中的协调者,对管理水平有着较大影响。管理的过程实质上就是信息传递和信息变化的过程,管理队伍负责对管理信息进行传递和处理,在管理系统中占决定性地位。在高校学生管理信息化建设过程中,管理者同样对管理信息进行处理,而且在新的管理体系中,管理者从传统的经验管理转变为学习管理,由原来的层级管理模式转变为扁平的柔性的管理模式。只有在管理人员具备一定素质的前提下,管理信息化建设才能有序地进行,只有将人工管理和系统管理相结合,才能发挥信息化管理的优势,消除重复管理功能,更好地提升管理水平。

3.明确建设目标,整合管理资源,加快信息化建设步伐

高校教育管理的信息化建设要有明确的发展目标和发展规划,信息化技术的不断发展决定了教育管理同样需要宏观的规划。信息化建设在既定的目标下,按照不同机构和不同阶段不断统一并完善系统,避免管理系统中因为信息交流困难而无法实现管理职能。所以,统一的教育管理信息化建设要以促进管理部门协同工作为目标,指导不同管理部门高效工作,对管理机构进行统一的部署和安排。另外,推动高校教育管理信息化建设还要有效整合现存管理信息,在构建信息化管理体系时能够准确地与高校现状契合,相当于在传统的管理模式下进行升级,让信息化管理能够与传统管理无缝转接,减少新旧交替的矛盾,从而加快信息化建设步伐。

第六章　高校教育管理机制创新

第一节　高校学生事务管理机制

一、高校学生事务管理机制的内涵

界定"高校学生事务管理机制"是研究高校学生事务管理机制创新的前提,只有准确地理解"高校学生事务管理机制",明确高校学生事务管理机制的功能,才能在理论上回答高校学生事务管理机制创新的必要性。

(一)高校学生事务管理的概念

1.高校学生事务的内涵

关于"学生事务"的理解主要观点有两种:第一种是"课外活动说",认为学生事务管理指的是大学生课外的一切活动及其管理。第二种是"课外活动和非学术性事务说",学生事务管理是高校通过大学生课外活动和非学术性事务对大学生施加教育影响,以规范、指导和服务学生,丰富学生校园生活,促进大学生成长成才的组织活动。

而实际上,学生事务是指高校通过指导、规范和服务大学生的成长过程,促进其全面、均衡、可持续发展的课外活动和非学术性管理活动。它涉及招生、报到注册、就业指导、住宿生活、学习进程、课外活动、贫困资助、心理咨询、医疗服务等方面。它有四个作用:一是引入作用。包括招生、大学生注册和日常记录、社会捐资助学等;二是服务作用。包括大学生日常行为管理、学习咨询、心理健康教育、生活辅导、大学生宿舍管理、饮食服务、大学生组织管理、社团活动开展、安全保障、医疗保健等日常内容;三是媒介作用。包括就业指导、职业咨询、社区服务和校友事务等工作内容;四是感召作用。在整个大学生工作中,对大学生的世界观、人生观、价值观的道德教育是潜移默化的,高校辅导员的素质在其中起到了很大的作用。

2.管理的内涵

管理仅从字面意思讲是管辖、处理的意思。在管理学界,对管理的定义大致可以分为两种,一种是管理是实行计划、组织、指挥、协调和控制,管理可以被理解为筹划、组织和控制一个组织或一组人的工作。另一种是强调管理以人为中心,注重对“人”的管理,主张充分发挥人(包括管理对象)在管理过程中的作用。

基于以上观点,可以说,管理应该包括对人的管理和对事的管理两方面。对人的管理和对事的管理二者是统一的,是管理主体为了达到一定的目标,对其所管辖范围内的人、财、物、时间、信息等有目的地进行计划、组织、指挥、协调和控制等一系列活动的总称。因此,管理作为一种活动,是包括了管理主体、管理对象、管理工具、管理理念、管理目标等要素的有机的动态系统性活动。

3.高校学生事务管理概述

(1)高校学生事务管理概念

学生事务与学生事务管理是高等教育的产物,学术事务主要是指与高校学生相关的各种教学活动的总称,而学生事务包括大学生的各种课外生活、大学生活动、社团组织、生活住宿、思想情感交流、心理意识、个性发展、就业指导等非学术事务及其有关的课外实践活动。高校学生事务管理是指对大学生相关事务的组织、管理、服务和指导。

随着我国高校学生管理的专业化程度越来越高,学生事务管理工作更能够顺应时代发展的步伐,也就逐渐替代了大学生工作的习惯用法。对于高校学生事务管理概念的界定主要有如下几种代表性的观点。

一是学生事务,指的是高校学生的非学术性活动或者是课外活动,学生事务管理则指的是对大学生的非学术性活动和课外活动的管理。

二是高校通过非学术性事务和课外活动对高校学生施加教育影响，以规范、指导和服务高校大学生为目的，丰富大学生校园生活，促进大学生成长成才的组织活动。

三是将高校学生事务管理界定为高校学生非学术性活动和课外活动的组织指导和管理，涉及大学生社团、各种课外活动、文体活动、经费资助、大学生心理卫生、纪律和法律、健康医疗、就业指导和学术支持等多个领域。

四是从高校学生事务管理要素来界定，认为高校学生事务包含大学生、专业人员、具体事务以及学生事务专业四个部分。"大学生"和"专业人员"既是"学生事务"的主体，又是其基本的"人员要素"；"具体事务"是主体之间交往活动的载体，"学生事务专业"则是在大学生与专业人员不断进行的交往活动中形成的一个组织与知识系统，这四要素之间是一个密切关联的整体，彼此间相互作用。

五是高校学生事务管理是指高校的专门组织和学生事务管理者依据国家的法律、政策和人才培养目标，在一定的学生事务管理价值观的指导下，运用相关专业知识和技能，配置合理的资源，提供促进高校学生发展事务的组织活动过程。

综上所述，高校学生事务管理是指高校和教育机构通过专门组织和专业人员依据相关法规以及我国高等教育目标，在学生发展理论等相关理念指导下，运用专业知识和技能，合理配置教育管理资源，协调处理学生事务与学术事务，促进大学生全面发展的组织活动过程。

（2）基于学生发展的高校学生事务管理的特征

①以学生发展为本。基于学生发展的高校学生事务管理是以学生发展为本的，秉承学生发展的理念，真正做到高校的教育、管理、服务从大学生发展的角度出发，促进大学生全面和谐、有个性的发展，实现高校学生事务管理的管理育人宗旨。

第一,从大学生的发展出发。高校学生事务管理不管在理论指导还是具体实践中都将大学生发展作为出发点。第二,促进大学生全面和谐发展。以大学生发展为本的高校学生事务管理最终的目的是促进大学生的全面和谐发展,这是高校学生事务管理在质的方面的体现。第三,全体学生都获得发展。高校学生事务管理面对的是全体学生,要全面看待大学生,平等地为大学生提供教育和服务。促进全体大学生的发展是以大学生发展为本的高校学生事务管理的量的表现。第三,尊重大学生个性发展。大学生作为独立的个体,其个性差异非常明显,以大学生发展为本的高校学生事务管理尊重大学生的个性差异,针对学生的个性提供不同的服务与指导,在对待不同个性的大学生的管理方法也会因人而异。第四,大学生主动发展。基于学生发展的高校学生事务管理把大学生作为管理活动的核心,充分调动学生的积极性和发掘大学生的潜能,打造"以大学生发展为中心"的新模式,将教育人、引导人与关心人、服务人融为一体。

②以服务促发展。基于大学生发展的高校学生事务管理打破了目前管理为主的现状,服务作为新的工作宗旨被单独提出,从大学生发展的角度出发,满足大学生合理的需求,给大学生提供优质的、全方位的适应大学生发展需求的服务。全方位服务涉及大学生的生活、学业、就业、课外活动、经济资助、健康与心理等咨询服务,同时也会根据时代与大学生发展的需求,及时注入新的服务内容,实现服务促进发展、发展引导服务的目的。另外,基于大学生发展的高校学生事务管理工作具有科学合理的服务方式与方法。全方位的服务需要科学有效的方式方法来支撑。提供服务的方式不仅仅限于各种大学生服务咨询处的设立,而且还要在这个基础上挖掘隐性的服务方式,提供主动式的服务,渗透大学生社团活动、大学生科技小组等,让学生在活动中主动参与服务与管理。

③学生事务管理法治化趋势明显。从社会发展角度看,我国陆续制定并实施了相关文件,初步形成了较为合理的教育政策法律法规体系。

这些法律法规和文件涵盖了高校学生事务管理的各个方面,对于我国高校学生管理工作具有重要的指导作用。随着我国社会法治化建设进程的加快以及高等教育变革的加速,要求高校学生管理工作法治化的呼声愈来愈高。高校学生事务管理工作在实施的各个环节都需要遵循相应的法治精神和原则,依据具体的学生管理制度体系,规范学生事务管理权力运行机制,进而深入推进高校学生事务管理法治化。高校学生事务管理法治化是我国高校学生事务管理工作适应法治社会深入推进、应对大学生思想状况变化(特别是法律意识、权力意识、主体意识增强)的必然趋势,对于深化高等教育变革、推动依法治教与依法治校,提高大学生法律素养,促进大学生健康成长成才具有重要意义。

④学生事务管理逐步专业化。基于学生发展的高校学生事务管理的重要特征之一就是要求学生事务管理逐步专业化。在满足大学生需要的基础上逐步注重管理的专业化发展,使学生事务管理在理念、内容和队伍建设等方面逐步实现专业化。发挥理念的先导作用,为学生事务管理提供更为专业的理念指导;逐步更新学生事务管理的内容,在就业与创业指导、心理健康、大学生资助、生活服务等方面为大学生提供专业化的指导与帮助;逐步健全选拔聘用机制、职业化建设机制、培训机制、考核激励机制等。争取早日实现学生事务管理的专业化,促进大学生的全面发展,为实现高等教育培养优秀人才目标做出更大贡献。

(二)高校学生事务管理体制和机制含义

1.体制的内涵

所谓"体制",从管理学角度来说,指的是国家机关、企事业单位的机构设置、管理权限划分及其相应关系的制度,是指导人们如何完成任务的制度。简言之,体制就是处理问题的管理主体的组成和结构。

体制是根据问题的存在而存在的,不同的问题就需要不同解决问题的制度,从而产生很多不同的体制,如处理国防问题就需要有国防体制,处理教育问题就需要有教育体制,处理工业问题就需要有工业体制,处理农业问题就需要有农业体制等。

2.管理机制的内涵

管理机制是指管理系统的结构及其运行机理,管理机制以管理结构为基础和载体,它本质上是管理系统的内在联系、功能及运行原理,集中体现为系统内部的运行方式。

事物各个部分的存在是机制存在的前提,因为事物有各个部分的存在,就有一个如何协调各个部分之间关系的问题。而协调各个部分之间的关系一定是一种具体的运行方式。机制就是把事物各个部分联系起来,使它们协调运行而发挥作用的运作方式,而事物客观存在的各个部分即因素形成的结构状态就是体制。因此,机制是内容,体制是形式。机制决定体制,体制是为机制服务,但体制对机制有反作用,当体制适应机制时,能够促进机制的良性运行;当体制不适应机制时,就阻碍机制的运行。这种阻碍作用表现为两种情况:良好的机制不能实现;改变预期的机制运行方向而向另一方向运行。在任何一个系统中,机制都起着基础性的、根本的作用。在理想状态下,有了良好的机制,甚至可以使一个社会系统接近于一个自适应系统——在外部条件发生不确定变化时,能自动地迅速做出反应,调整原定的策略和措施,实现优化目标。

管理机制根据其特点,可以划分为三种:一是行政,即命令型的运行机制,以计划、行政、命令的手段将各个部分运行起来;二是命令,即服务式的运行机制,以命令、监督、服务的方式运行各部分;三是完全,即服务式的运行机制,以完全服务和指导的方式运行各部分。

3.学生事务管理机制的内涵

高校学生事务管理体制包括高校学生工作管理行政体制和高校内部学生工作管理体制。其中,高校学生工作管理行政体制是指高校组织、领导高校学生工作的机构设置和权限划分,高校内部学生工作管理体制是指国家组织、领导学生工作管理的机构设置和权限划分。

高校学生事务管理机制应当是高校学生事务管理活动中各种因素相互之间如何运行,尤其是管理主体如何影响、作用于管理对象的方式、方法。

学生事务管理体制主要是管理主体的权限划分,是管理主体与管理对象、管理工具、管理理念、管理目标等之间的静态关系。而学生事务管理机制则是学生事务管理中各种因素之间的相互作用、相互运动的动态过程和关系。学生事务管理机制是内容、目的,学生事务管理体制是形式,是为达成学生事务管理机制的载体,由管理机制决定,又反作用于管理机制。

(三)学生事务管理机制的功能

1. 体现管理理念的功能

学生事务管理理念是学生事务管理的指导思想、价值目标。但学生事务管理的理念要得以体现,并不是通过体制。因为学生事务管理体制仅是管理主体的设置与权限划分,是管理活动各种要素的静态关系,管理理念不能通过体制得以实现和体现。但学生事务管理机制是管理活动各种因素之间运行的关系和动态过程,其以一定的管理理念为指导,又以管理理念的实现为目标。管理理念是通过运动的过程体现和实现的。因此,学生事务管理的理念只有通过管理机制才能得以体现和实现。

2. 实现管理目标的功能

学生事务管理是按照高校的培养目标对大学生进行人生观和价值观教育,促进学生全面发展和培养适合社会需要人才的工作。如果管理体制是配置管理活动各因素的话,管理机制则是各因素的相互作用和运行状态。因素的相互作用和运行才能发挥各因素的功能,最终实现管理目标。因此,高校学生事务管理机制具有实现高校学生事务管理目标的功能。

3. 完善管理体制的功能

学生事务管理体制和管理机制的关系就是形式与内容的关系,学生事务管理机制是内容,管理体制是形式。学生事务管理机制决定了应当采用什么样的管理体制,管理体制应当为管理机制服务。但是,管理体制对管理机制又有反作用,可能促进管理机制的实现,也可能阻碍管理机制的实现。当管理体制阻碍管理机制的运行时,应当变革、完善管理体制,以适应管理机制。实践上，从既有状态来说，学生事务管理体制决定了学生事务管理机制。但从变革的角度，则需要以学生事务管理机制的定位引导学生事务管理体制的变革。因此，学生事务管理机制可以促进管理体制的完善。

二、学生事务管理机制的制约因素

高校学生事务管理机制对于促进学生发展和培养社会需要的人才具有重要意义，但我国高校当前的学生事务管理机制存在诸多不足，这在理论上和实践上都要求我国高校学生事务管理机制创新。但高校学生事务管理机制创新需要明确学生事务管理机制的制约因素，这是机制创新的基础。因为高校学生事务管理是系统性工程，是由管理主体、管理对象、管理内容、管理理念、管理目标、管理工具等要素综合作用的活动。

(一)管理理念指导作用和管理目标的引导作用

人的实践活动受一定的思想支配，人由客观存在引发主观思想，又由主观思想见之于客观行动。因此，人的行为是自觉的行为。高校学生事务管理活动也是实践活动，是受人的思想和目的支配的。其中"思想"即管理理念作为高校学生事务管理的价值准则，必然是管理机制建立的价值准则，起指导作用。而"目的"最直接的就是管理目标，是高校学生事务管理要达到的预期结果。

高校学生事务管理要通过学生事务管理，培养大学生具有正确的世界观、人生观、价值观，坚定的理想信念，健康的生活态度，良好的责任意识、道德观念和法律意识，促进大学生的全面发展，并使之成为符合社会主流价值观规范的公民，这一管理目标引导高校学生事务管理机制创新。

(二)高校与大学生关系的基础作用

高校学生事务管理活动是管理主体对管理对象施加影响的活动及其过程，无论是管理理念，还是管理目标、管理工具等都是围绕管理主体与管理对象的关系展开的，是管理主体以管理理念为指导，运用一定的管理工具或手段对管理对象施加影响，以实现管理目标。因此，高校学生事务管理机制的基础是高校与学生的关系。

(三)管理主体素质的能动作用

高校学生事务管理主体作为教育主体,应身先示范,他们的受教育水平,世界观、人生观、价值观的定位,品德品行、审美水平、自我认知和创新发展精神等素质不仅影响采取何种管理机制,而且决定了相应的管理机制能否得以正常运行。

管理主体的素质对管理机制实现的能力作用主要体现为当管理主体素质适用管理机制的需要时,能够促进管理机制的实现;当管理主体素质不适用管理机制需要时,就阻碍管理机制的实现。阻碍作用表现为改变现有管理机制的方向而变成另一种管理机制,或者使现有管理机制不能顺利运行。

综上所述,影响机制创新的因素主要有管理理念、管理目标、管理主体、管理关系。管理主体与管理对象的关系是基础,其他各因素在管理主体与管理对象的基本关系中起着不同作用。管理主体与管理对象的关系、管理理念、管理目标,管理对象的特点是管理机制创新的决定因素,而管理主体素质等是管理机制创新的支撑因素。决定因素是决定采取何种管理机制的因素,支撑因素是确保管理机制实现的因素。

三、我国学生事务管理机制的创新

高校学生事务管理机制创新的决定因素是管理理念、管理目标、管理主体与管理对象的关系以及由此决定的管理工具。因此,借鉴发达国家的经验,我国高校学生事务管理机制应当从管理理念、管理目标以及管理工具等方面进行创新,从而实现学生事务管理机制的创新。

(一)我国高校学生事务管理的理念创新

为培养 21 世纪所需的高品质的专门人才,需要改革传统机制,创建新型机制,以增强学生管理工作的感召力和渗透力,进行管理的理念创新。所谓理念是一种思想意识,是指客观事物在人脑中留下概括印象,理念作为一种思想意识,对人的行为具有重要的影响作用,管理活动及其规律在管理者头脑中留下的一些概括性的思想意识就是管理理念,管理的价值理念是管理原理、原则和管理方法的思想升华,是指导人们管理活动的灵魂。

1.确立以人为本的管理理念

在现代的管理理念中,尊重人、依靠人、发展人、为了人成为重要的指导思想,并且高校学生事务管理是以人为对象,进行对人的研究和管理的科学,理应坚持以人为本,将以人为本的精神贯穿高校学生事务管理的内容和方法等各个方面,促进学生的全面、健康发展。

高校学生事务管理以人为本是一种将"人"作为管理的核心,作为组织最重要的资源,把组织内全体成员作为管理的主体,围绕如何充分利用和开发组织的人力资源,服务于组织内外的利益相关者,从而同时实现组织目标和成员个人目标的管理理论与实践,是高校学生事务管理工作实现其内在价值(大学生全面发展)和社会价值、工具价值(社会需要)的统一。

2.平等理念

平等是指人与人之间的关系和态度,是指人们在社会、经济、法律等方面享有相等待遇;泛指平等互利、男女平等、师生平等、同性平等。随着人的主体意识的增强,市场经济的等价交换概念促使人应享受平等。

高校学生事务管理的平等理念就是师生之间人格平等,因而相互尊重,管理应在平等理念的指导下,引导、说服管理对象。管理对象可以根据自己的需要选择适合自己发展的服务。

3.公平理念

公平是指按照一定的社会标准(法律、道德、政策等)、正当的秩序合理地待人处事,是制度、系统、活动的重要道德品质。公平理论又称社会比较理论,其基本要点是指人的工作积极性不仅与个人实际报酬的多少有关,而且与人们对报酬的分配是否感到公平更为密切。

在学生事务管理中,学生需要在高校的这个群体中找到自己的社会认同感和成就感,所以在学习生活中也需要公平,也就是自己所付出的努力能够得到相应的成绩和表彰。是否感到公平所依据的就是付出与收获之间比较出来的相对报酬。当获得公平感受时,学生就会心情舒畅,努力学习发展自己。

学生事务管理过程中必须坚持公平的理念,特别是涉及资助、表彰奖励、违纪处分、学业判定等方面,只有注重人的需要,重视人的价值实现,公平地对待每个学生,才能形成学生事务管理的合力和向心力。

4.效率理念

效率是最有效地使用社会资源以满足人类的愿望和需要。效率是一切管理学最重要的目的,也是任何组织涉及必须考虑的原则之一。学生事务管理的效率应在三个方面体现出来:一是机构运行高速;二是机构工作高质量;三是整个管理系统运转灵活高效。为了提高效率,重视专业分工尤为重要。效率会随着专业化程度的增强而提高。控制管理的幅度通常是以被指挥、监督的人数来表示的。

只有坚持效率理念,提高学生事务管理运行效率,才能实现高校学生事务管理的内在价值与社会价值。

(二)高校与大学生关系及管理工具创新

1.当前我国高校学生事务管理工具——命令与服务

我国高校的大学生与高校的关系现阶段不能是完全的民事平等关系,而应当有一定的行政管理关系。行政管理关系是纵向的关系,管理主体具有强制管理对象服从的力量。

民事关系决定了高校学生事务管理工具是服务与接受服务,行政管理关系决定了高校学生事务管理工具是命令与服从。现阶段服务、命令适用的分界线是法律。一般而言,法律所规定的大学生的民事权利和义务,可以用服务方式进行管理(心理咨询、医疗服务、生活住宿等)。而对法律没有规定的和除民事法律规定以外的行为或活动,则可以用命令方式进行管理。(安全保障、文体活动、评优奖励等)。随着社会发展和大学生自律、自治意识等能力的提高,应当逐渐扩大服务领域,而缩小命令适用的范围。因此,我国高校学生事务管理应当是以命令为主导的命令—服务的管理方式逐渐向服务主导的服务—命令的管理方式发展。如果说服务是横向方式的话,那么,命令就是纵向方式。因此,当前的命令—服务管理方式可以称之为纵横统一的管理方式。

2.我国高校学生事务管理工具的发展趋势——服务与接受服务

社会需要大学生成为能够服务社会的人,同时我国高等教育的目的是要让大学生成为完善的人,而一个完善的人应当是市民社会中的能够严格自律、愿意承担社会责任的人。而完全服务的机制从整体上将社会纳入了高校学生教育的过程中,拉近了大学生与社会的距离,大学生事务管理机构的社会化程度将大学生塑造为社会人的时间提前。高校与大学生关系不再是行政关系,应是完全的民事关系。各类大学生服务机构或者中心,所提供的产品就是针对大学生的各种服务,如食宿、打工、文化、就业等社会需求。这种商业性质的服务提高了服务质量,对于大学生而言,有了更多的余地,可以充分提升自我管理的意识和提高自我服务的能力。因此,高校学生事务管理机制的发展趋势是完全的服务机制。

综上所述,在以人为本、平等、公平、效率理念的指导下,在大学生全面发展和社会需要目标的引导下,当前应当以混合关系为基础,以命令与服务作为管理工具,建立和完善适用当前国情的命令与服务结合型管理机制。

(三)学生事务管理机制实现条件的保障创新

高校学生事务管理机制的保障性因素有管理体制、管理主体素质等,高校学生事务管理的纵横统一机制,尤其是未来的服务与接受服务机制的实现条件需要有相应的保障创新。

1.高校学生事务管理体制保障

高校学生事务管理体制是学生事务管理机制实现的载体和保障。要实现命令与服务结合型管理机制和完全服务型管理机制,必须变革现有管理体制,建立新的管理体制。

构建学生事务管理体制需要明确三个原则,第一个原则是严格管理制度,依法治校。第二个原则是以人为本,构建特色文化。第三个原则是弹性管理,保障大学生权益。因此,高校体制改革应包括以下两个方面的内容。

第一,学生事务管理工作机构扁平化,高校、学院、大学生、社会全部参与学生事务管理的工作,在校内与大学生有关的工作全部纳入学生事务管理中心,高校主要监管学术事务工作,同时设立学生事务管理监督组织,负责对学生事务管理工作的协调和监督,社会提供高校无法提供的更好的服务直接面对大学生,成立的学生事务管理机构成为一种行业,有一定的行业规范,与高校既是合作又是竞争的关系,从而促进校内校外服务更专业化、高效化的发展。

第二,学生事务管理工作目标明确,一是管事和理人要分清,坚持以人为本的观念,二是建立高校直接面对大学生的新的学生管理组织模式,针对不同大学生的特点,进行管理和服务工作,避免学生事务管理的泛化;三是以法律为标准,营造依法治校的环境,培养学生的法律意识和自主、自治能力。四是深入提炼高校发展的思路,严格遵循高校发展的目标,积淀高校的文化特色,打造高校的个性发展前景。

2.高校学生事务管理主体素质保障

高校管理主体素质对管理机制具有能动作用。而命令与服务结合型管理机制和完全服务型管理机制对高校学生事务管理者的素质提出了更高要求。新的服务机制的建立使管理观念、管理制度、管理方式、学习观念均发生变化,大学生的主体地位不断被强化。而现代的学习观是全方位的学习观,即学做人,学思维。教师的职责就是教大学生如何做人做事,学会自己思考。这对管理主体的素质提出了高尚品格、高学历、创新意识及全面管理统筹能力等的要求。

第一是管理主体的专业化。管理主体应该具备的职业素养和职业技能,就像律师、医生等专业化的职业一样。高校学生事务管理一个多门知识和技能综合又自成专业体系的社会职业岗位,这要求高校学生事务管理者至少应当具有硕士学位,有心理学、人才学、管理学、法学、历史学、社会学等方面的专业知识和技能,并有自觉的思想政治工作意识,才能为大学生提供专家化的服务。

第二是职业化。职业是人们为了获取物质报酬而从事的连续性社会活动,指人们从事的相对稳定的、有收入的、专门类别的工作。职业化与专业不尽相同,职业化是确定一个职业的专业性质和发展状态处于什么情况和水平,侧重于职业专业化程度的社会认同和制度确认。为此,必须运用科学的管理机制建立健全队伍。

第三是加强科研。高校的受教育者是有独立思想,日益社会化的群体,他们崇尚科学,崇尚理性,高校教育科研工作应当服务于教学、服务于大学生、服务于社会,确立三个方向:一是为教学服务的科研,从教学中发现问题,深入研究,再融入教学中乃至重要学科理论、教学方式方法的研究。二是与大学生发展紧密相连的科研,如大学生的心理健康、成才、创业人格、人际关系、友谊与爱情、法律意识与法治观念等问题。三是为社会服务的教育科学研究也必须服务于社会,必须关心社会现实问题。高校学生事务管理主体通过上述科研活动,将社会、个人全面发展所需要的最新研究成果内化为自身的工作素质,从而提升自身事务管理的能力。

3.高校学生权益的保障

命令与服务结合型管理机制在一定程度体现了对学生事务管理对象——学生主体地位的尊重。完全服务型管理机制更完全将大学生作为主体。因此,命令与服务结合型管理机制和完全服务型管理机制的实现的重要理念之一就是尊重大学生权益。

一般来说,大学生的权利既包括生而为人的基本人权,又包括作为大学生身份所享有的法律规定的求学者所享有的权利,这是作为人和作为大学生所必需的、基本的、不可剥夺的权利。

第一,健全法律法规体系。我国虽然已经制定了一系列法律法规来规范高校的办学行为,但是对于大学生权利保障方面的法律法规尚待健全或细化,为了规范大学生主体的行为,规范大学生管理和保障大学生的合法权益,很有必要制定大学生特别法。加强"大学生法"的研究和制定,把大学生的权利与义务、管理与奖惩等一系列问题以法律形式加以规范,这样不仅仅是对大学生权利的尊重和保障,更是对依法治校的促进和加强。

第二,培养大学生主人翁的权利参与意识。大学生作为自身权利保障的主体,应该对自己的权利有充分的认识并自觉维护。大学生从自身的角度需要树立权利意识,积极争取权利保障的实现。大学生应树立主人翁的意识,积极参与高校学生事务管理,充分行使监督权、建议权。在与大学生权益相关的重要的大学生事务管理中,实行由大学生参与的评议制度、听证制定。

第三,建立和完善社会保障。社会保障包括社会支持和家庭支持两方面,大学生事务管理立足于社会发展的大背景,大学生权利的保障和实现离不开社会保障。社会支持体现在支持和依法监督教育事业方面,社会支持主要是在公共文化设施及场所对大学生进行优惠,为大学生实习和社会实践提供帮助,各种社会捐资助学等。

第四,建立和完善环境保障。为大学生的全面发展和健康成才创造一流的校园环境是大学生事务管理得以顺利开展的良好保障。所谓环境,就是一种文化。其一是校园自然环境的优化能够折射出学校的的历史和文化积淀,大学生通过对校园物质文化景观的解读,从而获得其中的教育意义,形成自己的观念和思想。其二是各种教学和生活设施功能的完备要求教学规模适中;报告厅种类繁多,功能完备;生活场所理想舒适,功能多样化;实验设施先进齐备,便于操作;图书馆服务周到细致;大学生健康中心与校外社会医疗机构有效对接;校园网络方便迅捷等根据需求的不同随时进行调整,同时,为整合服务资源、提高服务效率,高校学生事务管理还可建立"一站式服务中心"。其三是管理环境的支持,除了大学生部(处)等思想政治教育和日常事务管理机构外,在学生事务管理中还有一些常设性机构促进大学生的全面发展服务,如大学生听证委员会,高校对违纪大学生的处理时所设定的保障大学生权益的机构;申诉处理委员会,受理申诉人的申诉等。

学生事务管理机制具有体现管理理念、实现管理目标和完善管理体制的功能,对于促进大学生全面发展和培养社会需要的人才具有重要意义。因此,我国高校学生事务管理机制应当进行创新。

第二节 高校师资管理优化的机制建构

一、优化机制的理念

(一)更新高校教师配置理念

1."人本管理"理念

"人本管理"是对管理对象在自觉遵守规章制度的基础上所进行的较高层次的管理,建立在"自我实现的人"的人性假设之上,强调人的自我实现,它要求组织中的成员具有明确的个人目标和实现目标的强烈愿望。对于高校来说,就是始终把教师放在核心位置,追求教师的全面而健康的发展,充分调动教师的积极性和创造性,使教育科研获得效益的最大化。与此同时,组织要为个人发展提供支持,并通过为成员个人设定目标指向促使个人发展符合组织需要,通过这样的相互作用,最终实现组织与个人的共同成长。

高校承担着教学、科研、社会服务职能和高等教育育人功能,是一种特殊的社会组织。教师是高校的主体,是高校一切管理活动的首要因素。高校三大职能的实现和高等教育功能的发挥主要依靠教师完成,教师在高校职能的实现和高等教育功能的发挥中起着主导作用。高校管理活动必须以人为中心,把满足教师的需求,调动教师的积极性、主动性和创造性放在首位,真正实现"人本管理"。高校树立人本管理的思想,应该做到以下几点。

第一,把教师作为高校一切管理活动的出发点,以教师为本,激发教师的积极性,发挥其主动性。

第二,高校管理活动要始终围绕教师的选、育、留、用等活动展开,关注教师的职业发展。

第三,高校应尊重、理解、善待、关心教师,将蕴藏在教师体内的潜能、创造力发掘出来,努力形成勤于学习的氛围,创造高校人才辈出的生动局面,形成高等教育功能发挥、高校职能实现的核心资源与关键保证。

2."能本管理"理念

"能本管理"即以能力为本位的管理。"能本管理"理念突出强调的是管理要以人的能力为根本,以各种有效的方法,最大限度地发挥人的能力,从而实现个人能力价值的最大化,同时,通过对能力资源的优化配置形成推动组织发展、实现组织目标的强大力量。知识是人的认识能力的体现,智力是知识转化为智慧的能力,技能是智慧在工作实践中的一种应用能力,实践创新能力是以知识、智力、技能为基础的改造世界的能力,因而,知识、智力、技能和实践创新能力是"能本管理"的核心能力。这样,由知识到智力再到技能,然后再到实践创新能力,是由低层次到高层次、由认识世界到改造世界的发展过程。现代组织管理的一种新趋势就是实施"能本管理",这种以能力为本位的管理在组织管理实践活动中得到了广泛的应用。对于提升组织核心竞争力来说,正确、有效地利用"能本管理"思想具有比较积极的现实意义。

在知识经济时代,各行各业的竞争日益加剧。企业如此,高校也不例外。为应对激烈的竞争,高校自身核心竞争力的提升已刻不容缓。高校应该紧跟时代的步伐,像现代组织那样,吸纳"能本管理"理念。尤其是高校在配置教师资源时,应吸收"能本管理"思想,把知识、智力、技能和实践创新能力、开拓能力、团队合作能力作为基本前提。对于教师来说,只有通过不断的努力,提高自身的能力素质,才能为高校的发展做出更大的贡献,同时,也体现了自己的人生价值。作为高校来说,要以教师的能力为中心,尊重人才,尊重教师,尊重和鼓励每一个教师的才能和创造力,坚持把知识、智力、技能、业绩和团队合作能力、开拓能力,创新能力作为衡量教师的主要标准,把最大限度地发挥教师的能力,实现能力价值的最大化作为高校职能的实现和高等教育功能发挥的推动力量。高校教师资源优化配置的首要目标应该是提高教师的能力,并在合适的时间将合适的教师配置在合适的岗位上,以发挥教师的最大价值。同时,要通过实行情感沟通管理、教师参与管理、教师自主管理等管理模式变革,逐渐形成一种能力发现机制、能力使用机制和能力开发机制,在此基础上,实现能岗匹配、能级匹配和能酬匹配,从而最终实现利用人的创造力达成高校长远发展的目的。

"能本管理"与"人本管理"二者相互依存、辩证统一。对于"能本管理"来说,人的知识、智力、技能和创新能力是其核心内容,"能本管理"通过组织给予的公平竞争平台与条件使个人的能力得以展现,从而充分体现人的能力价值,其主要是通过提高和发挥人的能力来实现组织发展目标的。而"以人为本"是现代管理的一个基本原则和理念,人在组织中的主体地位和主导作用是"人本管理"思想所强调的,更为强调围绕人的积极性、主动性来提高管理活动的效率,"以人为本"既是"能本管理"的基础,又是"能本管理"要遵循的基本原则,"能本管理"源自"人本管理",所以,"能本管理"应先做到"以人为本"。实际上,"能本管理"并不排斥"人本管理",恰恰相反,"能本管理"是对"人本管理"的升华和具体化。强调人力资本对于组织财富创造具有决定作用的是"人本管理"思想,而更强调人力资本创造财富所需要的能力要素及其与其他资源有效配置的途径与方式的是"能本管理"思想。"能本管理"可将比较抽象的"人本"概念用一系列实实在在的能力指标去体现,对于指导组织人力资源管理更具操作性,"能本管理"比"人本管理"更深刻地揭示了人力资本在与其他资本(或资源)配置过程中的地位和作用。

3."优化结构"理念

教师资源配置是一个有机的整体,教师资源配置理念,教师资源配置中的方法、各因素之间相互联系,相互依存,相互作用,教师资源中的年龄、职称、学历、学缘结构,知识、能力、素质结构等有一定系列和层次,具有结构性,而一定的结构决定着教师资源的性质和功能。所以,在教师资源配置中要坚持优化结构的原则,对教师资源进行结构分析,建立教师资源良好的结构,以求得系统的优良性质和功能。"优化结构"理念要求高校在进行教师资源配置的实践和研究中,要遵循系统的性质和变化的规律,运用系统的观点和方法,形成教师资源优化的结构。同时,根据外界环境的变化,对教师资源结构进行相应的调整,以确保教师资源结构处于动态的优化状态,更好地实现高校办学目标。

(二)完善高校教师配置机制

由于高校教师资源的配置机制受两个客观因素的影响,因而,对于高校教师配置机制的完善需要考虑两个方面:一是保证市场的基础性作用,二是在政府与市场、政府与教育关系方面,政府干预必不可少。二者如何结合,如何在二者之间找到最佳结合点,是完善高校教师配置机制的关键。因此,首要面临的问题是分析市场经济条件下人力资源配置系统的运作主体和各种基本关系,重构与市场经济相适应的高校人力资源配置体系。

(三)构建高校教师配置系统

要完善高校人力资源配置机制,还需要按照系统化原则建构高校人力资源配置体系。完善的高校人力资源配置体系应该包含基本的人才市场要素,具有明确的市场主体、动力机制和运行保障。其具体内容包括以下两个方面。

1.主体系统

在高校人力资源配置中,影响人力资源权属关系的活动主体就是高校人力资源配置的主体。所谓高校人力资源配置主体系统,就是指在高校人力资源配置中,不同主体之间协同作用、相互影响,共同构成的有机整体。应该遵循市场经济的基础规律,正确认识高校人力资源配置机制转换过程是高校、个人和政府三种配置力量不断调整和转换的过程。因此,组成高校教师资源配置主体系统的三大要素就是高校、个人和政府。

2.动力系统

动力系统即由供求状况和资源配置效率决定的人力资源的价格机

制,也称工资机制。这是人力资源配置的动力和主要调节器,是连接人力资源供、需两个主体的纽带。高校应该根据人才价格水平和人力资源成本约束决定使用多少与使用何种人才。在等价交换原则下,人才个体和高校需要依据人力资源的价值和供求情况以谈判方式确定工资,依据人才在使用过程中创造的新价值的大小确定效益工资,实行联效计酬的分配方法。

(四)创新人事管理,创建教师管理模式

1.开放的规划和编制管理

教育主管部门对高校教师职务评聘逐步做到不再实行职数管理,改为教师职务结构比例宏观指导,并逐步过渡到高校自我约束、自我控制,形成高校教学科研队伍的合理结构,提高用人效益。在制定和实施师资管理规划的过程中要具有开放的观念和开阔的视野,要善于保留关键人才,培养重点人才,更新一般人才。同时,在教师编制上,固定编制和流动编制相结合,固定编制尽可能减少,流动人员的比例逐步扩大,实行校际互聘教师和吸收有丰富经验的社会科技人才兼任高校的一部分教学科研职务,建立一支以学科带头人和中青年教师为主、兼职教师为辅的相对稳定、流动开放的师资队伍。

2.开放的聘任管理

开放的聘任管理主要是指聘任关系平等、标准明确、程序严格、聘任关系契约化,实行双向竞争和择优机制。其核心是高校和教师在平等的基础上建立完全意义的契约合同,明确双方的权利、义务、责任关系。由论资排辈向竞争择优、激励约束机制转变。教师聘任制改革要引入竞争择优,完善激励约束机制,促进优秀拔尖的人才脱颖而出,促进人才资源的优化配置。由行政任用关系向平等协商的聘任合同关系转变。聘任合同是规范聘任双方权利义务关系的法律文本,是聘任制的重要基石和载体。

3.开放的考评管理

要不断完善教师工作的考评制度,建立科学合理、简便易行的考评标准和考评办法,定量定性考核相结合,定期和不定期对教师进行严格认真的考核,考核结果的运用要公平合理,与教师的培养、晋升、奖惩等结合起来。

4.人才管理合同化

人才市场通过供求关系调节人才流向和流量,这种供求关系是动态的。

5.激励机制科学化

激励机制的优化,需要考虑对教师进行物质和精神的激励相结合,在通过工资、津贴、奖金等劳动报酬进行激励的同时,还要考虑教师的个性特点、不同的需求,运用马斯洛的需求层次理论适当合理地对教师进行精神的激励。

(五)形成关键人才保护机制和信息系统

在对人力资源进行区分的基础上,把建立关键人才保护机制和高层次人才数据库作为辅助措施,有效调动各类人才的积极性。

1.设立专家保护基金

专家保护基金由政府财政出资,或从每年的人才开发基金中划出一部分专款,由专门部门或单位进行管理,专款专用。主要是用于专家的强制医疗保险、专家最低生活保障、专家活动的组织,同时,对专家国内休假、国外考察等进行补贴。

2.建立专家信息管理系统

专家信息管理系统主要是形成由政府、高校、社会和专家个人参与的专家服务网络和跟踪服务机制,以缩短关键人力资源或者重要人力资源的搜寻时间,促进专家学者之间的交流合作或推动科技成果的推广转化。专家服务网络的设置由高等教育主管部门建立或人事管理与科研管理部门联合建立,也可以委托人才服务机构建立。

二、结构机制

(一)高校教师职称结构优化

职称结构反映了师资队伍总的学术水平和它所能适应的教学科研工作,高校教师队伍在整个社会智力结构中应属于高知识、高智能水平范畴。确定科学的师资队伍职称结构,对充分发挥师资队伍的教学、科研能力,组成合理的梯队,提高工作效率非常重要。高(副教授以上)中(讲师、教员)初(助教)三类人以怎样的比例最为合理,目前看法不一。但一般来说,从普通高校来看,"二四三一"式的职称结构为宜,即助教、讲师、副教授、教授的比例为 2∶4∶3∶1。

不同层次、不同类型、不同规模、不同师资水平高校的教师职称比例应根据实际情况进行考虑,具体内容包括:分全校和专业学科,进行职称结构的优化。以教师的合理流动控制教师的职称比例。改革原有的职称评定办法,实行一定学术机构的评审和行政领导聘任相结合的制度。

(二)高校教师学历结构优化

学历层次反映教师队伍的业务素质,即他们的基础训练水平及发展的可能性。因此,我国高校从根本上提高教学质量和学术水平的重要课题之一便是改变这种学历结构不合理的现状。

改变不合理学历结构的方法需要考虑四点:一是高校教师招聘的标准要提高,提倡引进具有博士学位的人员,重点补充具有硕士学位的人员,大学本科学历的人员在原则上不允许再吸收为高校教师;二是加大引进和培养高层次人才的力度,并有效激励优秀人才;三是加强在职教师继续教育,阶段性地大力提倡高校教师在职提高学历层次,开辟和完善高校教师在职攻读博士,硕士学位的渠道;四是对高校人事制度进行改革,严格退休制度,改革教师分配制度,优化激励机制等。

（三）高校教师年龄结构优化

高校教师的年龄结构在一定程度上反映了高校教学、科研的活力,体现了高校教学科研水平的稳定程度,直接影响教师的连续性和继承性。根据统计数据显示,办学层次越高的高校,教师队伍老龄化趋势越明显。

合理的年龄结构设置主要应从宏观上适当控制教师队伍中各年龄段教师人数的动态平衡,使其符合新陈代谢的自然规律。从总体上讲,青年教师应略多于中年教师,中年教师应略多于老年教师,从而构成"金字塔型"的年龄结构,为比较合理的年龄分布规律。

（四）高校学科及能力结构优化

人力资源是组织发展的第一资源,合理的人力资源结构使组织的人力资源投入产出更为有效;在现实实践运行中,对于组织来说,即使根据组织战略设计了人力资源配置计划,但现实是往往在运作过程中,组织并不可能完全按照计划操作,从而使人力资源配置计划只反映组织发展过程中组织人力资源需求的规律,而人力资源的具体工作应给予的有效指导很难做到,特别是在当前国内的人力资源市场没有真正形成的状况下,有效的人力资源结构调整无法进行,对应组织战术、业务、规模等因素变化而产生的人力资源需求的变化难以适应,这就需要考虑人力资源的结构问题。

人力资源结构主要包括人力资源数量、人员类别构成、员工基本结构、员工能力素质,职位结构等,具体包括:人力资源数量是反映人力资源数量与组织机构的业务量的匹配程度;人员类别构成是指组织人员类别构成,它显示了一个机构业务的重心所在;员工基本结构反映了员工的年龄、民族、性别等分配情况;员工能力素质则是组织内不同能力、不同素质员工的配置状况,反映了组织总体能力和各部门的能力状态,但组织能力是员工能力的组合,而不是简单的员工能力的总和;职位结构是指组织职位体系、岗位体系的现状以及人力资源分布在二者上的反映。人力资源结构直接反映了组织人力资源配置的现实状态,在分析组织战略的基础上,可以比较清晰地看到现有人力资源是否能够对组织战略的实现给予支撑以及其中潜在的问题。在人力资源总体结构中,组织员工素质构成状况以及职位结构状况应是最核心的,员工能力素质的构成不但反映了组织总体能力倾向,同时也反映了组织总体能力的不足,而职位结构状况,既反映了组织职能的分布情况,又反映了组织对员工职业发展的导向。

人力资源的开发可以解决所有的这些问题,具体包括以下内容。

第一,从组织职位体系入手,建立职位体系,打通组织内部不同系列职位的职业发展通道。

第二,从岗位能力要求入手,根据企业战略,分析在组织变革中,各岗位应该承担的责任,得出各岗位发展所需要的能力素质模型,并以此作为标准衡量,评价员工的能力。

第三,重视员工的职业发展,帮助组织员工建立正确的职业发展方向,向学习型组织迈进,引导员工的能力素质提升,从而优化组织能力素质结构。

第四,引导员工根据自己的个性特点、能力特长制订发展计划,使员工适应组织发展的动态需求。

三、运行机制

(一)规划高校教师人力资源

人力资源规划是企业或其他大中型机构为实施其发展战略,实现其目标而预测未来的组织任务和环境对组织的要求以及为完成这些任务和满足这些要求而提供人员,并为满足这些需求而预先进行系统安排的过程。人力资源规划是企业发展战略及年度计划的重要组成部分,它是企业人力资源管理各项工作的依据。

人力资源规划是企业总体发展战略规划的重要组成部分,是实现发展战略目标的重要保证;人力资源规划是为了满足企业组织发展的要求而制定的;人力资源规划的基本任务是适才适时适所,确保各类适用的人才(包括数量,质量,层次和结构等)在适当的时机获得适当的工作岗位,从而实现企业人力资源的最佳配置和动态平衡;人力资源规划的总目标是最大限度地开发和利用企业人力资源,有效地激励员工,提升员工的素质,不断增强企业智力资本竞争的优势。

从字面上理解,高校人力资源规划的主要功能和目的在于预测高校的人力资源需求和可能的供给,确保高校在需要的时间和岗位获得所需的合适人员。

实际上,高校人力资源规划是一项系统的战略工程,它需要以高校的战略为指导,以高校的办学定位为方向,其基础是全面核查现有人力资源,分析高校内外部条件,将预测组织对人员的未来供需作为切入点,岗位职务设置规划、外部人员补充规划、内部人员流动规划培训开发规划、职业生涯规划、退休解聘规划、绩效评估规划、薪酬激励规划、校园文化规划等是其主要内容,基本涵盖了人力资源的各项管理工作,同时,人力资源规划还通过人事政策的制定对高校人力资源管理活动产生持续和重要的影响。

所以,在高校人力资源管理职能中,人力资源规划最具战略性和积极的应变性。高校发展战略及目标、任务的制定,计划的制订与人力资源规划的制定紧密相连。高校的人力资源规划设置了人才招聘和录用的人才理念,选聘的目的、要求及原则;教师职前职后培训及职业发展都需要依据人力资源规划实施和调整;人力资源规划规定了教师的薪酬、福利发放原则和政策。而且在实施高校目标和规划过程中,它还能不断调整人力资源管理的政策和措施,指导人力资源管理活动。因此,高校人力资源规划为下一步高校人力资源管理活动制定了目标、原则和方法,处于整个高校人力资源管理活动的统筹阶段。通过制定或完善师资队伍规划,高校可以将合适的教师在合适的时间放在合适的位置上,以有效完成任务,培养高水平、高质量并具有市场竞争力的学生。

(二)分析教师需求与岗位设置

职位分析也称为工作分析,它是人力资源工作的一个最基本的方法和工具。职位分析是一种系统地收集与职位有关信息的过程,包括任职条件、工作职责、工作环境、工作强度以及工作的其他特征。核心是解决"某一职位应该做什么"和"什么样的人来做最合适"的问题,主要成果为职位说明书与任职资格。

将工作分析理论运用于高校,重要的任务就是科学设岗,关键是依据工作需要确定岗位。以教学为主的教师和以科研为主的教师确定岗位的依据是不同的,以教学为主的教师应以教学工作量确定岗位,以科研为主的教师要以科研工作量来确定岗位。在进行工作分析时,要统筹兼顾,具有战略眼光,既要考虑高校的眼前发展,又要考虑高校的长远利益,要处理好师资队伍现状与发展的关系。

1.教师需求分析

"按需设岗"是教育部发布的相关文件中提出的高等高校师资管理原则之一,所以在增设岗位之前,高校人力资源部门或人事部门必须根据高校几个方面的实际情况对该校的教师需求状况做一个预测分析。主要包括:第一,对现有教师队伍的年龄结构、学缘结构、学历结构、职称结构、专业结构等进行分析,同时,分析高校为完成教学目标所需要的教学任务;第二,对高校近几年内的招生情况及变化有清晰的认识,以便对教师队伍进行调整;第三,在高校的整体建设中,学科建设是龙头,故需充分考虑学科建设,特别是重点的学科建设。学科建设又是一项综合性、全局性、复杂性、长期性的系统工程,涉及学科带头人、学术骨干、学术梯队、教学科研水平以及条件保障等多个方面,其核心是学术梯队建设,关键是学科带头人的选拔、培养和建设适应学科发展需要的结构合理、数量恰当、素质精良、富有活力以及对教学科研工作有饱满热情的学术梯队,造就一批在教学科研当中真正起带头作用的学科带头人,这是普通高校师资队伍建设的中心任务和主要目标。

总之,在对师资队伍需求进行预测时,必须充分考虑师资队伍的现状,高校的入学人数变化,学科建设要求以及高校的培养、发展目标。只有这样,才能清楚地知道高校还需设置哪些岗位,从而能更快、更好地达到高校的目标。所以,对高校教师需求进行分析是进行岗位设置的重要前提。

2.教师岗位设置分析

科学设岗是以岗位成本原则和优化师资资源配置为基础,强调岗位职责,建立岗位说明书,并坚持因事设岗,应该以岗择人、公开招聘、平等竞争、择优聘任、严格考核、合同管理。遵循这一规则进行岗位设置,能够从根本上明确教师岗位成本原则,剔除因人设岗的传统做法,把岗位作为投资成本的反映。同时,各级教师岗位也反映了学科发展和教学科研任务对教师资源的需求。

高级职务岗位要优先保证重点学科的人员配置,根据高校发展战略和定位,对高校拟发展的学科根据学科规划酌情考虑。进行岗位设置时需要留有余地,以便用于人才引进及优秀人才的破格晋升,做到有利于中青年教师脱颖而出,有利于高校学科的发展。

在对教师需求进行分析后,还需要对教师岗位进行分析,明确岗位职责、任职资格等,也即明确岗位说明书,由此确定与岗位相适应的人选标准。人选标准是招聘的最主要依据,故对人选标准的制定至关重要,人选标准制定得合适与否决定着能否为该岗位寻找到合适的人选。

(三)建立高校教师人力资源聘任机制

实施以岗位聘任制为核心的人力资源管理的目标是围绕建设具有世界先进水平的一流大学的需要,建设一支精干高效的高水平的师资队伍。

1.优化人才引进机制

人才引进是一个系统工程,要先在制度上明确人才引进的政策,然后严格遵循选拔程序,注重引进教师的专业背景、经验、能力、素质等。

积极进行制度创新,打破高等高校与其他行业、职业的体制性壁垒,针对不同层次、不同类型人才的特点,探索多样化的人才聘任形式,拓宽人才选聘范围,形成多元化、开放式的资源格局。面向社会开放教师职务岗位,鼓励高校尤其是应用型高校更主动,积极地招聘企业、科研院所和政府机关等部门具有较高学术造诣、丰富实践经验的各类高层次专业人才,提供兼职或专职的教师岗位。运用聘请兼职、合作研究、邀请讲学等多种形式,争取更多的海外学者回国工作和为国服务,实现优秀人才资源共享的最大化。

积极探索新型的用人管理方式,促进教师人事关系的进一步社会化。改变传统的教师身份管理制度,使人事关系与劳动关系相分离,在高校和教师之间形成真正的双向选择,从而真正达到人员能进能出和人才柔性使用的目的。

2. 推行与完善教师聘任制

教师职务聘任制具有聘任双方关系平等、聘任双方关系契约化、聘任实行任期制、聘任过程社会化和公开化、聘任实行双边竞争和双向择优机制等特点。真正意义上的教师职务聘任制,必须有明确的职务岗位设置、职务责任、职务岗位结构比例、职务任期、职务工资,它以聘任合同的方式确定教师被聘任的职务,被聘任的期限、被聘任期间的教学任务、应当承担的教学工作量及履行职责后应得到的职务工资等,实际上是一种将教师的任职、任务期结合为一体的聘任形式。

3. 建立教师资源共享机制

教师资源的共享机制成为教育界研究的一个热点。教师资源共享就是大力挖掘高校中骨干教师、学科带头人的潜力,合理安排时间,拿出少量时间和部分精力到其他高校去兼职授课,指导学生,合作科研,可以帮助层次低的高校教师提高教研能力。

同时,高校教师资源共享对高校生师比过高、专职教师比重小,专家教师资源短缺等问题的解决有着重大的意义。第一,高校教师资源共享,可以聘请其他高校的一些教师来校任教或搞科研,从数量上能够增加高校的教师人数。在学生人数既定的情况下,教师人数增加,生师比降低。第二,从外校聘请教师,对于聘请高校来说,这些教师属于兼职教师,可以促进教师的合理流动。第三,高校教师资源的共享主要是充分挖掘其他高校中的骨干教师和学科带头人的潜力,从外校聘请高学历、高职称、高素养的专家教师资源,而较少聘请学历、职称和素养都一般的教师,从而增加了高校的专家教师资源。

建立高校之间的互聘和联聘机制是当前高校教师资源共享使用最普遍,也是最有效的一种方式。通常情况是普通高校到知名高校和重点高校聘请专家、学者担任兼职教授和客座教授,并使其承担一定的教学科研任务,定期到高校给学生授课或举办讲座、指导青年教师和研究生工作,从而帮助高校进行学科建设和科研合作等。

从另一个角度来说,大力推进产学研合作也是实现社会化优质师资资源共享的一个较好途径。如推进和扩大"产学研研究生联合培养基地"建设试验范围,使更多的企业和科研院所共同参与研究生联合培养;将合作的层次扩大到本科和高职高专层面,确定一批企业和科研院所作为高校教学的试验基地或实习基地,培养基地导师视同高校师资享有同等权利,并纳入高校统计体系。推进有条件的企业科研院所与高校携手共建相关院、系,聘请相关企业或科研院所的既有高学历、高职务,又有丰富实践经验的专业人员担任授课教师或试验指导教师。

总之,高校教师资源共享使原本专属于某一所高校的教师资源现在可以为两所、三所甚至更多的高校所使用,在教师资源总量不变的条件下,可以对其进行充分发掘和利用,通过共享的方法使其在数量上增加,在质量上提高。

(四)构建高校教师终身培训体系

1.构建培训体系

加强教师的专业化发展既是提高教师社会地位的内在需求,也是促进教师素质提高的必然选择。对于教师素质的提高,不仅需要教师个人的努力,而且需要所在高校加大对教师再教育的重视程度及实施力度。教师专业化发展的有效途径之一就是贯穿职前、职后的教师培训体系的建立,教师培训必须遵循教师专业化发展的需求,结合教师自身实际,充实基础,更新知识,转变观念,提高教师终身学习的能力。高校人才资源培养培训机制的构建,要形成三个观念,即人才培育智力投资观念,人才学习终身化观念、人才培育政策市场经济观念,并注意人才培育政策的法治化,育人、用人的一体化,同时,注重实效。科学化高校的培训项目可以由高校的人事部门进行组织,委托专门的培训机构进行培训。对于培训内容,可以根据各种职位、专业的不同设计不同的要求,但共性的要求是新知识、新技能的培训,注重提高员工工作技巧和解决实际问题的能力,并将培训的成绩作为考核的一项内容。

2.培训的主要内容及培训形式

高校教师培训的内容涉及很多方面,主要包括学科专业知识、教学与科研能力、教育理论知识、思想道德素养、现代教育技术、教育法规等。

(1)学科专业知识

教师要具备专业的知识和能力,即具备所教学科的深厚的理论功底。高校的每一门学科知识都是将科学性、实践性、创造性集于一体的学问。教师只有精通所教学科的知识,才能在学科教学中高屋建瓴,科学而又富于创造地达到教学目标,才能在学术上将学生带到学科的前沿。

(2)教育理论知识

高校教师需要具备较深厚的教育理论功底,同时懂得教育教学规律,懂得学生的身心发展规律。

(3)现代教育技术

现代社会是高信息化的社会,高校教学活动与现代教育技术的关系日益密切,作为教师,必须掌握现代化的教学手段,实现多媒体教学手段和其他教学方法的有机结合。

（4）思想道德素质

教师必须注重自己思想道德的修养，必须遵守职业道德守则，培养专业精神。对于高校来说，提高教师职业道德修养，制定职业道德规范，明确规定教师应遵循的行为规范和必备的思想品德，并建立相应的评价考核体系，在职务晋升、评奖评优中把职业道德放在重要的位置上。

3.培训的经费筹集与保障

对于教师培训来说，培训经费是一个突出问题。各高校需要充分重视，加大力度对教师进行培训，就必须确保培训经费的合理筹集和公平分配。在当前国家对教育经费的投入还无法完全满足教师培训需求的情况下，各高校可按照效益共享、责任共担的原则，由高校和教师共同承担培训费用；有条件的高校可以试图建立筹措培训经费的新机制，积极争取和鼓励社会、企事业单位和海外侨胞捐赠设立教师培训专项基金，专门用于高校教师培训。

通过教师自身的终身学习和不断探究，促进教师素质不断提升，进而使教师专业化水平获得持续发展。教师的专业发展空间是无限的，要经历一个从不成熟到相对成熟的专业人员的发展历程。因此，高校教师培训必须符合教师专业发展的终身性要求。同时，教师所在高校应当制定相关的优惠政策，为教师的终身教育和终身学习提供政策上的保证，鼓励教师通过各类学习和培训提高自己的专业水平与职业能力。

4.完善高校教师薪酬制度与运行机制

针对现行高校薪酬制度，有必要进一步进行改革和调整，逐步完善薪酬运行体系。构建适合高校特点的激励有效、竞争有序、科学公平、调控合理的高校薪酬制度与运行机制是高校完善教师薪酬制度与运行机制要解决的问题。

（1）高校教师薪酬制度与运行机制应遵循的原则

①薪酬制度的公平原则。薪酬制度不但要注重效率，适当拉开薪酬差距，同时要兼顾公平，避免造成两极分化。这种公平既包括高校内部不同系列人员之间薪酬水平的公平，又包括高校外部其他高校同类人员之间、高校同一地方人员之间薪酬水平的公平，同时要体现个人投入、贡献

大小与薪酬所得之间的公平。国家应成为整个薪酬体系的平衡器，为保证薪酬制度的公平做好调节和控制。

②薪酬结构的合理原则。薪酬涉及高校教师的切身利益，既是调整高校教师劳动关系的重要手段，也是高校教师十分关心的问题。薪酬结构设计是否合理直接影响教师各方面积极性的发挥，因此，构建薪酬结构时应充分考虑其合理性，逐步解决现行分配中存在的不合理因素，同时要有一定的理论依据作支撑，做到合情合理，使高校教师普遍接受。

③薪酬水平的竞争原则。高校教师的薪酬水平如果不具有外部竞争力，则很难吸引高水平人才进入教师队伍，从而影响高校的长远发展和人才强校战略的实施。高校教师的薪酬水平应具有保证高校自身教师资源的增量提高和存量优化竞争性机制。

④薪酬运行的激励原则。薪酬是个人和组织之间的一种心理契约，这种契约通过教师对薪酬状况的感知而影响教师的工作行为、工作态度和工作绩效，从而产生激励作用。当教师对薪酬政策的满意程度较高时，就会激励教师为高等教育事业多做贡献，这时激励作用表现最强。

(2)高校教师薪酬制度的关键是应准确定位薪酬水平

薪酬水平设计的关键是能否使薪酬发挥最大功效，突出薪酬的激励作用，薪酬的激励作用发挥得如何，首先取决于教师对薪酬水平的满意程度，当教师的薪酬水平与期望的薪酬水平比较接近时，薪酬的激励作用才能得到有效发挥；其次是薪酬激励机制能否被普遍接受，只有科学合理的薪酬制度和运行机制，才能激发教师的工作热情，使有限的薪酬投入产出无限的贡献回报。

同时，要完善福利制度，保证各类人才的福利待遇随着经济发展不断提高，并且逐步实现规范化、制度化、货币化，建立重要人才投保制度。

(五)完善高校教师考核体系

1. 高校教师绩效考核的目的

为聘任、晋升、奖励或者处分提供依据是高校教师绩效考核的目的，也是为了鼓励教师更好地履行岗位职责，让教师不断成长，在业务方面和综合素质方面不断进步，更是为了给教师发展提供方向和动力。教师考核的结果最重要的目的是岗位聘任,根据聘任合同所规定的目标进行聘期考核。

2.建立科学严密的教师考核机制

教师考核机制的科学性、严密性、合理性非常重要,应以定量和定性相结合的方式进行设计。考核体系的设计要先进行岗位说明书的制定,进行岗位分析和评估,使教师明确自己应履行的职责和所承担的任务。这样考核和被考核者都有所适从,从而使按岗考核有据可依。建立教师考核机制应注意两点:一是对聘期内的各项任务指标进行量化分解,给予合理的分值;二是对教师岗位必须完成的任务目标应有刚性约束。

3.构建教师考核模型

根据大多数高校(尤其是研究型大学)的实际情况,将绩效考核体系划分为考核系统、绩效子系统、绩效模块、绩效指标、绩效要素五个层次。其中整体绩效考核系统划分为显性绩效子系统和隐性绩效子系统,显性绩效子系统划分为教学模块和科研模块,隐性绩效子系统划分为育人模块和服务模块。教学模块进一步细分为教学量指标、教学效果指标,科研模块进一步细分为科研量指标、科研等级指标、科研效果指标。育人活动投入时间指标、育人活动效果指标为育人模块的子指标,社会服务投入时间指标,社会服务效果指标为服务模块的子指标。

每个指标又可以再进行细分,如教学量细分为课时量、学生数量、课程等级、课程难度等要素;教学效果又细分为学生平均成绩、学生对课程的认可程度、学生对课程的反馈意见等要素;科研量细分为科研经费量,科研投入时间,科研投入人数等要素;科研等级细分为科研项目属于国家级重点项目或省部级项目,或服务地方或组织的应用型研究项目,或自选项目等要素。

(六)创建高校教师人力资源激励机制

1.优化高校教师激励的环境因素

(1)高校组织的概念

组织就是指具有一定的共同目标和按一定的活动规范组成的社会群体。对于高校来说,组织是高校管理的重要功能,是人力资源激励的基本依托。群体性和分工性是组织的第一个特征,组织的活动是一种群体的活动,而这种活动既是组织成员彼此依赖、相互协作的需要,又是通过成员之间的分工和协作来进行的。规范性和约束性是组织的第二个特征。为了保证这种群体活动能有序、有效地进行和处理好组织成员的相互关系,组织需要形成具有相对稳定的权力结构,并以某些明确的规范约束组织成员的行为。目标性和定向性是组织的第三个特征,没有目标不成为组织,有一定的共同目标才能把组织成员凝聚在一起,而由于一定的活动目标,组织的活动一般也总是定向在社会生活的某一或某些领域中。

高校就是一个大规模的组织,该组织中包括了教师群体、学生群体、行政管理人员、后工作人员等若干团体它们均具有不同的工作范畴和工作职责,在高校这个组织中发挥着不同的功能。从一般意义上讲,组织的主要特征是为了达成某一特定的目标。培养高质量的高层次人才是高校的特定目标,高校内的所有团体和个人都要以此作为自己的目标,并根据自己特定的地位去扮演一定的角色,这样,组织内部便形成了一定的等级体系和分工协作关系,所有的团体和个人都在这样的等级体系中发挥各自的力量,为实现组织目标而共同努力。由此,可以说组织不是人与人或人与物的简单集合体,而是一个复杂的、永远处活动状态又不断自我调节和自我发展的综合系统。

(2)高校的组织结构

从功能上来说,高校的组织结构包括决策领导机构、职能管理部门、教学科研部门及有关教学辅助单位,有的高校还设有由兼职人员组成的咨询参谋机构;在管理层次上,大多数高校是三级管理,分为校、院、系或校、系,教研室三级,有的高校则在校和院系之间多出一级的管理层次,从而形成四级管理;在管理结构上,直线职能制的形式是较多高校采用的。例如,在采取校、系、教研室三级管理的高校中,从校长到系主任、从系主任到各教研室主任实行统一的直线式的指挥,同时,在高校一层设有各种承担具体管理职能的机构,如教务处、科研处、人事处等,在系一层也配置了承担某些具体管理职能的工作人员。

许多高校都是采取这种分权制的组织结构,即高校采取校、院、系三级管理。高校往往把相当一部分管理权限交给学院一层,使其在办学和管理上具有一定的自主权,因而这些高校的组织结构在一定程度上则是一种分权制的形式。但也有一种现象是某些高校设置学院主要是为了加强相关学科之间的联合,而其实际管理权限有的和原来的系并无多大差异。这种情况的管理体制,使得校、院、系三级管理实质上仍是一种直线职能制的结构。

另外,很多高校成立了学科研究中心,这些中心都在一定程度上带着矩阵的特征,这是为了充分发挥各学科的优势,以便联合起来承担重大科研任务。

2.统筹选择有效的激励方式

高校教师毕竟是一个特殊的人群,对其进行行为激励的方式和手段必须针对其特殊需要来设计。

根据行为科学的理论,一种激励手段的激励力等于某一行为结果的效价与期望值的乘积。所谓效价是指个人对所从事的工作或达到某种预期目标的价值的估计;期望值是指个人对某项目标能够实现的概率的估计。因此,高校教师在激励措施下是否会产生较高的效价和较大的期望值是在高校师资管理中选择激励方式和手段时需要关注的问题。

根据激励理论,结合我国高校师资管理的实践,我国高校师资管理采取的激励形式可以分为工作激励、目标激励和强化激励三部分。根据教师个人的兴趣、特长和能力,为其提供能充分发挥其才能的舞台和机会,并引导教师提高对工作意义的认识,使其感到自己工作所创造的重大的社会价值,产生很强的自豪感,责任感,激发工作的积极性,即工作激励。

根据马斯洛需求层次理论,每个人都会有自我实现的需要,作为高校教师,对自我实现自我价值的要求更为突出。他们总是从事业的成就中获得内心需要的满足,这种个人愿望正好与高校和社会的目标完全吻合。根据事业发展的需要,制定高校远期发展规划和近期奋斗目标,引导教师将个人的奋斗目标融入高校和国家的目标中,在实现国家和高校目标的过程中实现个人的奋斗目标,这就是目标激励。目标激励之所以有效,是因为实现目标后,教师既可获得物质需要的满足,又可获得精神需要的满足。为了实现目标激励,要为教师设计建立一些按一定时空顺序构成的子目标系列。

采用一系列管理手段影响教师的行为活动和绩效,促使其在实现高校和国家的目标方面做出更大的努力,产生更好的绩效,称为强化激励。在经济、科技和教育更加国际化的今天,人们的价值取向发生了很大的变化,仅靠工作激励和目标激励已难以充分调动教师的积极性,甚至难以稳定优秀的人才。如果能在职务晋升制度、表扬制度、奖励制度、业绩津贴制度、关键岗位津贴制度上进行有效激励,就能使这种行为更加发扬光大。

第三节　高校教育文化管理创新

一、文化和文化管理的内涵及发展过程

关于文化的定义,不同的定义殊途同归地表达着"文化"的基本内涵,即观念形态、精神产品、生活方式这三层含义,具体来说,它包括人们的世界观、思维方式、民族信仰、心理特征、价值观念、道德标准、认知能力以及从形式上看是物质的东西,但透过物质形式能反映人们观念上的差异和变化的一切精神的物化产品。高校文化是高校思想、制度和精神层面的一种过程和氛围;是理想主义者的精神家园,是高校思想启蒙、人格唤醒和心灵震撼的因素的结合体,高校应该让高校外的人向往,让高校内的人心情激动,高校是一个让人们永远怀念的场所。高校用人文精神培育出全面发展的优秀人才,使其成为民族复兴和文化复兴的中坚力量,高校要引领社会前进。高校文化是知识、能力、人格的升华和结晶。

文化管理就是"人化管理",就是以人为根本出发点,并以实现人的价值为最终目的的尊重人性的管理,这种管理是靠管理主体与管理对象之间所形成的文化力量的互动来实现的,文化管理的核心是"以人为本"。

高校文化管理与企业文化管理有着密切的关系,它借鉴了企业文化

管理的思想,但是高校文化管理更是它自身内在文化因素发展的必然要求。因为高校本身就是一种文化存在,是一个文化实体,它以传承和创造文化为己任的,是以文化为中介培养人、塑造人的机构。

高校与文化的关系是其他任何社会要素、社会组织所不可比拟的,在高校管理中,更应当重视文化的因素。高校文化管理是以文化为基础,注重高校文化建设,并利用文化要素和文化资源实施调控的高校管理活动,它具有价值性、知识性、人本化、合作性、品牌形象性、整合性等特征。

高校文化是高校的灵魂,高校文化不仅是教师的灵魂,更是学生的灵魂,高校文化建设的核心在于师生的认同,认同的关键是参与。

二、高校文化管理的特点和意义

(一)文化管理和高校文化管理的特点

1. 文化管理的特点

(1)管理的中心是人

从科学管理以物为中心转变为文化管理以人为中心,人既是管理的出发点,又是管理的落脚点,尊重人、关心人、培养人、激励人、开发人的潜力是文化管理的关键。

(2)控制方法追求主动

科学管理以外部控制为主,重奖重罚是主要手段;文化管理中心内置,依靠人文关怀等激励手段调动、激活行为主体的内在需求和动力,追求主动发展。

(3)管理重点为文治

科学管理直接管理人的行为,职工的一言一行都有制度约束,是典型的法治;文化管理通过管理人的思想(信念和价值观),间接影响人的行为,是一种新的管理方式——文治,即以文化来治理。

(4)领导者类型为育才型

在科学管理中,领导者恰如乐队指挥,属于指挥型领导;在文化管理中,领导者既是导师又是朋友,属于育才型领导。

（5）激励方式以内化为主

科学管理以外塑为主,依赖于工作的外部条件;文化管理以内在激励为主,着重满足职工的自尊和自我价值实现的需要,依赖于工作本身的魅力。

（6）管理特色具有人情味

科学管理的特色是纯理性管理,排斥感情因素;文化管理的特色是将理性与非理性相结合,是有人情味的管理。

（7）组织形式具有开放性

在科学管理中,权力结构明确,是"金字塔形"组织;在文化管理中,权力结构模糊,管理者与被管理者更为平等,是平等沟通、自找学习的学习型组织。

（8）管理手段具备"软"特征

科学管理是依靠强制性的制度和物质手段的投入;文化管理依靠思想交流,价值观的认同,感情的互动和风气的熏陶,即依靠非强制性和非物质性手段的投入。管理由硬管理为主走向软硬结合,以软管理为主。

（9）管理者和被管理者的关系改变为同伴互助

科学管理强调了上级与下级之间的关系,管理者靠制度约束人;文化管理中管理者和被管理者是为了共同的目标而携手并进的,是合作伙伴关系。

2.高校文化管理的特点

高校既是文化发展的重要成果,又是文化建设的重要载体,作为人才培养的基地,高校理应发挥文化育人作用。作为知识的集散地和思潮的发源地,高校理应成为社会文化的风向标和引领者。突出"以文化人"的教化性,这是高校文化区别于其他文化形态的重要特质;注重主流价值的导向性,这是建设社会主义高校文化的必然要求;建设各具特色的高校文化,这是各个高校张扬个性,增强文化发展生命力的关键所在。

（1）教化性

高校以人才培养为天职,高校文化必须始终围绕"育人"这一中心任务展开。高校"以文化人",即通过文化潜移默化地感染人,熏陶人,教化人,从而达到情感陶冶、思想感化、价值认同、行为养成的功效。教育的目的是促进人的全面发展,高校文化育人的过程实际上就是塑造健全人格、开发智力潜能、丰富生命内涵,使受教育者得到自由、全面、完整发展的过程。

（2）独特性

有个性才有魅力,只有特色鲜明的高校文化才是有生命力的文化。虽然高校精神具有探索真理、崇尚学术、传承文化等共性追求,但由于各个高校文化传统、类型风格各异,社会对高校的需求多样化,因此,必须建设和发展各具个性的高校文化,营造不同类型、不同层次、不同风格的高校文化形态,形成异彩纷呈、和谐互补的整体高校文化格局。

（二）高校文化管理的意义

纵观高校发展的历史,正经历着从经验管理、制度管理（科学管理）向文化管理转型的历程。高校文化管理是一种新型的更高级的管理形态,是高校经验管理、制度管理（科学管理）的总结和升华,是管理内容的回归,是与知识经济时代相适应的高校新的管理方式。作为高校管理者,构建校园文化,积极推进高校文化管理具有极其重要而深远的意义。高校要在竞争中处于优势地位,必须具备某种核心能力,充分发挥文化传承创新功能、文化辐射引领功能和文化服务支撑功能。

高校文化的内部功能主要表现为教化育人,高校文化的外部功能则包括文化的传承与创新、传播与辐射、示范与引领、服务与支撑诸多方面。

三、高校文化管理的举措

针对高校文化素质教育管理存在的问题,相对于高校硬环境建设和制度建设,高校文化建设具有看不见、摸不着的隐性特点,需要人们做出更加艰巨、更加长期的努力。

高校文化与制度管理是有机统一、互为补充的,管理工作最终的落脚点是人的思想问题。严格管理的规范的制度能否落实到位,取决于人的思想高度和认识程度,高校文化必将为制度管理提供一个人文环境。

可以说,文化与制度的关系一如道德与法律,高校文化是高校制度的有益补充,二者相互统一。总之,高校文化的出现和完善不仅是高校发展的必然,也将是传统教育方式向素质教育方式转变的必由之路。这种文化又是人的文化,是以人为本的文化,突出"人文""人本""人情""人性""人权"在管理中的作用,从而形成一个强大的"磁场"。高校管理工作主要从以下几个方面来展开。

(一)用物质文化陶冶人

校园物质文化是校园的外显文化,是以某种文字符号为载体,将校园精神显现于校园的各种标记物之中,如校服、校歌、校刊校报、雕塑、高校建筑、艺术节、文化墙、名言警句等,它是校园思想文化建设的前提和条件,是思想文化、制度文化赖以生存发展的基础和载体,有利于陶冶师生的情操。优美的校园环境有着春风化雨、润物无声的作用,如诗如画的校园风光,干净整洁的校园环境,美观科学的教室布置,文明健康的文化教育设施等,无不给学生以巨大的精神力量;学生在优美的校园环境中受到感染和熏陶,触景生情、因美生爱,从而激发学生爱高校、爱教师、爱同学、爱家乡、爱祖国的高尚情操,所有这些都有利于学生正确的世界观、人生观、价值观的形成。

(二)用制度文化规范人

校园制度文化是指校园人在交往过程中缔结的社会关系以及用于调控这些关系的规范体系,是校园一切活动的准则,它包括相关的法律法规、高校管理体制及其规章制度、组织机构及其运行机制、特定的行为规范等。校园制度文化从根本上决定着校园的正常运行和创新发展,是校园思想文化建设的保证。建立和健全高校规章制度,塑造良好的校园制度文化,是校园文化建设的重要内容,也是提高高校有效执行力的重要保障。制度文化以其导向性与规范性、稳定性与发展性、科学性与教育性的特征彰显校园文化。

(三)用思想文化凝聚人

校园思想文化是指高校在长期办学过程中形成的一种高校意识和文

化观念,它是一种深层次的校园文化,是校园文化的灵魂,主要体现在班风、校风的建设上。班风、校风看不见、摸不着,但它渗透表现在校园内多种文化载体及其行为主体的身上,让人时时处处切实感受到它独特的感染力、凝聚力、震撼力。校园思想文化是校园的内隐文化,是校园文化的深层内涵,是在长期的校园物质文化、校园制度文化和校园行为文化的建设过程中积淀、整合、提炼出来的,用来反映高校广大师生员工共同的理想目标、文化传统、学术风范和行为准则的价值观念体系,难以用文字、符号表达出来。校园思想文化是一所高校整体面貌、水平、特色、凝聚力、感召力和生命力的体现。

校园思想文化作为一种强大的教育力量,对广大师生的健康成长有着巨大的影响:一是导向功能,即指导个人正确认识和处理个人与高校组织的关系,把个人行为引导到高校组织目标上来,使他们向着高校期望的方向发展;二是凝聚功能,即思想文化起着心灵黏合剂的作用,它把各个方面、各个层次的人都聚合到一起,使师生员工对高校产生一种使命感、自豪感、归属感,形成强烈的向心力、凝聚力和群体意识;三是激励功能,即思想文化往往能产生一种激励机制,激起校园人的积极性、主动性与创造性,使高校成员保持高昂的情绪和奋进精神,获得各种精神需求的满足;四是控制功能,即思想文化具有强大的心理制约力量,使校园人接受必要的约束,使个体行为符合共同的准则;五是辐射功能,即校园思想文化以其独特的方式,在向师生教育、影响的同时,也对周边及社会产生影响。

高校文化与制度管理具体包括校长文化管理、教师文化管理、学生文化管理、物质文化管理和精神文化管理五个方面。此外,还有教室文化管理、教研组文化管理、宿舍文化管理、食堂文化管理等。

第七章　高校教学基本建设管理

第一节　教学基本建设的内涵

教学基本建设包括学科建设、专业建设、课程建设、教材建设、实践教学基地建设、学风建设、教学队伍建设、管理制度建设等。它们是保证教学质量的最重要的基础性建设,应以学校发展目标和总体规划为依据统筹安排、精心组织,扎扎实实地坚持下去。在每项基本建设中要不断提出改革措施,创造稳定、良好的教学环境。教学建设是一个涉及教学过程各个元素和教学过程各个环节的复杂的建设过程。教学建设对于促进教学改革,提高教学水平,保证教学质量,增强教学效益都有很重要的意义。

为了认真地做好教学建设工作,应该清楚地认识到以下五个方面的内容。

第一,教学建设应以学校发展的总体规划为依据,使教学建设成为学校总体建设的重要组成部分,在学校的总体发展中体现教学的中心地位。

第二,教学建设是一个持久的、稳定发展的过程,虽然可以是时起时伏的,但不可以是时有时无的。所以,对于教学建设应该进行认真的统筹安排、精心组织,踏踏实实地稳步发展下去。

第三,教学建设应该适应教学改革的需要,新世纪对于人才培养的需要,促使教育教学改革加快了步伐,改革促进建设,建设又推进了改革。

第四,教学建设体现在形式的建设中,更重要的应体现在机制的建设之中,形式和机制的结合才能使教学建设成为稳步的、成功的建设。

第五,教学建设和教学建设管理是全校性的工作,但是教学主管职能部门应注意到建设工作的各个方面,对其中重要的部分应给予更多的注意,才能使教学建设更符合教学的需要。

在教学建设中,学科和专业的建设、课程的建设、教材的建设、实践教学基地的建设、学风的建设、教学队伍的建设和教学管理的建设是最基本的建设,是教学建设中最重要的基础。这些基本建设的成功与否将直接地影响着教学建设的全过程,进而影响教学水平、教学质量和教学效益。所以,认真抓好教学基本建设及其管理是教学管理工作的重要方面。

第二节 学科和专业建设

学科和专业以课程内容的形式体现在教学的过程中。所以,学科和专业是教学的重要基础,学科和专业的建设是教学建设的重要基础。但是,应该认识到教学中的学科和专业建设有其特殊的规律性,因为它们必须符合人才培养的基本规律。随着教育思想和观念的转变,对于本科教学专业的设置有了进一步的认识。

为了适应 21 世纪人才的全面培养和综合素质的提高,应根据社会的需要和学科的发展来设置专业,应注意拓宽专业的口径,扩大专业的基础,在专业培养中走前期趋同、后期分化的道路,从而提高毕业生的适应性,加强毕业生发展和分化的潜能。在学科建设中,应稳步加强基础学科的教学建设,重视发展应用学科,注重新兴学科、边缘学科和交叉学科,同时应强调学校的学科特色,将各学科的教学建设融入专业人才的综合培养中,为社会培养合格的复合型人才。在学科和专业的建设中,还应根据本科教育的需要保持专业设置的综合性。要科学规划学校的学科和专业结构体系,要拓宽本科专业口径,扩大专业基础,主干学科或主要学科基础相同的专业应尽可能合并,增强学生的适应性。

要稳定和提高基础学科水平,形成基础与应用学科的互补;重视发展应用学科专业,培养复合型人才;更新传统学科及专业,适度发展新兴学科、交叉边缘学科及专业;发挥本校优势,办出特色。要注意根据学科与社会发展,适时进行专业设置、专业方向、培养目标和教学内容的调整,专业设置要依据教育部和地方教育行政部门的有关规定上报审批。为了搞好学科和专业的教学建设,应做到以下三点。

第一,密切注意学科的发展情况,并且随着有关学科的发展而协调各相关学科的教学建设和教学关系。

第二,密切注意随着学科和社会发展而出现的人才要求,适时地进行专业设置、培养目标和培养内容的调整。

第三,认真抓好专业设置和学科教学组合的论证工作,使学科和专业的教学建设科学化、规范化。

第三节 课程与教材建设

一、课程建设

在教学过程中,课程及其内容反映着人才培养目标的具体要求。所以,在人才培养目标明确之后,根据人才培养的要求,遵循人才培养的内在规律,合理设置课程内容是课程建设的重要方面。课程建设要进行理论研究,明确总体目标、任务、指导思想和原则;要制定建设规划,进行有计划、有目标、分阶段、分层次的系统建设;要以建设优秀课程为中心,深化教学内容、课程体系的改革;要重视系列课程建设,改革专业的课程结构体系。要把重点课程建设和优秀课程评选作为一项整体工作,坚持评建相结合,并以建为主。

在课程建设中应该注意的方面包括:人才培养的目标必须明确,培养的任务必须清楚,培养全过程的指导思想和基本原则必须确定;同时还应该注意到目标的确定、任务的安排应该符合本科教学阶段的要求,符合本科教学阶段教学客观规律的要求。另外,还应该注意在加强主干课程建设的同时,应兼顾一般课程的建设,因为在人才培养所要求的知识能力的广度和深度上,主干课程和一般课程的施教都发挥着重要的作用。

在课程建设中,应该认识到课程建设是一个持续的过程。随着专业和学科的发展,社会需求的变化,教学改革的深入发展,课程的建设在不断地进行着,而且是在稳定和变革的统一中不断进行着。所以在课程建设中除了对建设的形式给予必要的重视之外,对于建成促进课程建设的机制也要给予特别的重视。

为了搞好课程建设,应注意做到以下三点。

第一,根据教学的规律确定课程建设的规划,在统筹的安排中进行有计划、有目标、分层次、分阶段的系统建设。

第二,建立课程建设评价机制,将对课程建设的要求纳入课程评价的过程以推进课程建设进程,应认真建立课程评价的组织形式,将课程评价置于较高的专业水平上。

第三,课程建设的结果应科学地体现在专业教学计划和教学大纲之上,所以应认真抓好专业教学计划和教学大纲的修订工作。

二、教材建设

教材是教学内容和培养要求的载体,是教与学这两个教学体相联系的重要桥梁之一,是教学诸多元素中最活跃的元素之一。所以,加强教材建设对于提高教学水平、保证教学质量有着不可忽视的重要意义。

在教材建设过程中应注意使教材建设符合课程建设的进程,使教材建设体现教学改革和建设的成果,而且根据教学改革和建设的要求不断促进教材建设的进程,所以要特别注意教材的质量和时效性。另外,在教材建设中还应注意到,为了体现学校教学的特点,培养学生自学的能力,提高教学的效益,在积极参与规划或推荐教材建设的同时,应认真抓好自编教材和辅助教材的建设,认真抓好影视教材和多媒体教材的建设,认真抓好原版外文教材的选用。在教材建设中还应注意教材的发行管理工作,应当认识到教材的发行和管理是教材建设的重要组成部分,从而建立规范而有效的教材管理体系。

为了搞好教材建设,应注意做到的内容包括:根据培养的需要,明确教材建设的指导思想,确定教材建设的规划,建立教材建设的机制,制定必要的政策和规章制度,推进教材建设;依据教材建设的需要,建立教材评价体系,并开展有效的教材评价工作;认真抓好教材的发行和管理,提高教材使用效益;创造教材使用条件,使教师和学生能够方便地使用各类教材。

第四节　实践教学基地建设

实验和实践教学是高等教育过程中的重要环节,是知识的获取或验证及能力培养的重要步骤。因此,实践教学基地也是教学过程中的重要场所,必须认真抓好实践教学基地的建设。要坚持校内外结合,做好全面规划。实验室是实践教学基地的重要组成部分,实验室建设一定要与学科专业建设、课程建设相匹配,防止分散配置、分散管理、局部使用、低水平重复的低效益建设方式,注意集中力量建设好公共的基础性实验室;做好实验室的计划管理、技术管理、固定资产管理和经费管理,改进分配和设备投资办法,提高投资效益,提高设备利用率;组织实验室建设的检查验收。在满足基本教学需要的基础上,尽可能考虑建设综合性实验室,以利于集中管理、合理配置和合理使用,提高使用质量和效益,同时也应有利于综合性实验的开展,从而培养学生的综合能力和创新能力。

在加强实验室建设的同时,也应对其他类型的校内实践基地加强建设,在建设中也应坚持质量和效益的原则。校内实习基地的建设,突破原有认识,使之成为可模拟工业、社会等环境,进行综合教育训练的课内外实践教学基地;同时要改善实习条件,健全实习管理规章制度。

对于校外实践教学基地的建设,应注意在互利原则的基础上保持相对稳定的关系。建设校外实习基地,要努力把实习与承担实习单位的实际工作任务结合起来,做到互利互惠,以取得校外实习单位的支持。互利可以使单纯承担教学的负担转变成为有利于基地整体建设的促进动力,而稳定的共建关系不但有利于基地的建设,也有利于教学质量的提高。

为了搞好实践教学基地建设。应注意做到以下几点。

第一，根据教学的需要，全面规划基地的建设或改造，并且有计划、分阶段地组织实施。

第二，规范实践教学基地的管理，建立资源合理配置和合理使用的机制，建立必要的规章制度并认真执行。

第三，建立实践教学基地的评估体系，促进教学基地的建设和管理。

第五节　学风建设和教学队伍建设

一、学风

学风包括教师的治学作风和学生的学习目的、学习态度、学习纪律等方面的学习作风。要通过组织建设、制度建设和环境建设逐步形成好的传统。要坚持重在教育，建管结合，建为主导的原则，坚持"校、院、系共同抓，教师人人管"的做法，把学风建设与学校德育工作相结合。要通过教学改革，使学生变被动学习为主动学习，并充分利用选修课、第二课堂等形式扩展学生学习的领域。

学风是学校治学传统的体现。在坚持做好教师职业道德和治学作风建设的同时，学风建设的重点是在学生的学习和生活中。因此，在学风建设中应注意的内容包括：学风建设重在教育。应树立起全员、全方位、全程教育的观念，认真抓好教书育人、管理育人和服务育人的工作，使学生在道德品质和作风各方面都具有参与的意识，提高学生主动学习的自觉性。学风建设重在熏陶。学校的优良传统，学校的治学作风，通过教师、课堂、校园中的种种事物体现出来，形成一种氛围，对学生产生潜移默化的影响，形成了学校的传统特色。学风建设重在管理。严谨的规章制度，严格的管理，严明的奖惩，使学风在学校的要求中，在学生的自觉行动中形成并传下去。

为了搞好学生的学风建设，应注意做到以下四点。

第一，加强学生的综合素质培养，通过主课堂、第二课堂、社团活动、校园文化、社会实践等方方面面的培养,使学生得以全面发展。

第二,抓好学生的综合测评,通过综合测评引导学生向正确的方向发展。

第三,注重学生学习生活中重要环节的教育和管理。

第四,把教师教学管理和学生教育管理有机地结合起来。

二、教学队伍

教学队伍包括各级各类教师和教学辅助人员。教师是最活跃的元素,而且是最重要的教学资源。所以加强教师队伍的建设是提高教学水平,保证教学质量,提高教学效益,促进教学改革的重要措施。加强教师队伍建设,应该注意合理规划教师队伍的年龄结构、学历结构和职称结构,只有教师队伍的结构合理,才能保证教学过程的持续展开。通过体制改革,建立一支人员精干、素质优良、结构合理、教学科研相结合的相对稳定的教学梯队,校、系、教研室均要制定教师队伍建设规划,层层负责、抓好落实。要提高教师的整体素质,在职与脱产培训结合,以在职为主;重点抓好中青年骨干教师的培养提高;注意选拔培养学术带头人和骨干教师;发挥学术造诣高、教学经验丰富的老教师的传帮带作用,培养优秀青年教师充实教学第一线。在合理安排教师梯队时,应注意学科学术队伍的建设与学科教学队伍建设的区别点。

教师培养是教学队伍建设的重要环节。对于教师,除了应具有本业、本学科较高的学术水平以外,还应要求有良好的教学素质、高尚的教师道德、合理的知识结构和能力结构,而且应掌握较好的教学法,这些都要求对教师进行专业培养以外的教学素质培养。

为了搞好教学队伍的建设,应该注意做到以下五点。

第一,加强教学队伍的思想教育,提高教师的责任心,提高教师的职业道德水平,使这一教育规范化、系统化。

第二,结合教学的安排,制订切实可行的落实计划,制定必要的政策,加大投入,落实待遇,加大激励力度。

第三,加快学科的发展,促进人才的流动,引进优秀人才。加强教师的培养工作,尤其要规范教学素质的培养过程,在培养中应注意给予学生足够的实践机会,使培养和使用结合起来。

第四,加强教师教学状态的评估,建立规范的教学状态评价体系,较科学地评价教师的工作状态,引入竞争机制,将教学工作状态的评价结果与竞争机制相结合。

第五,制定必要的政策,建立必要的规章制度,促进教师开展教学研究和教学法研究,积极参与教学改革。

第六节　教学管理制度建设

随着科学技术的发展和教学水平的提高,高校对教学管理的要求也越来越高,希望能够从高水平、高质量、高效率的管理中,保证教学过程的高水平、高质量、高效益。在改革、建设和管理这三个教学管理工作的主要环节中,管理体现着教学过程的可持续发展的战略形式。在教学管理建设的诸多范畴和内容中,教学管理规章制度的建设体现着教学管理的规范性。所以,教学管理和其他管理一样,正在从以经验为主的管理形式过渡到规范型和科学型管理的形式中,教学管理规章制度涉及教学管理的方方面面,凡是有管理存在的环节,均有制度建设的必要。

在制度建设中应注意建立较为完整的严密的规章制度,将规章制度都制定成守则。规章制度的建立并不意味着工作的完善的是制度的执行机制和执行过程,在规章制度建立起来以后重要的工作是对规章制度的宣传、学习、执行和遵守。规章制度的执行过程具有强迫性,而遵守过程则包含自觉性,一个好的规章制度的实施过程应是强迫性和自觉性的统一。

教学管理是教学过程中的广泛的复杂的组织协调过程,为了搞好教学管理规章制度的建设,应该注意做到以下四点。

第一,加强规章制度建设的意识,制订制度建设的必要的计划,有目的地进行必要的制度建设。

第二,规范制度建设的程序和要求,根据管理的授权范围,协调制度建设过程。

第三,建立教学管理的评价机制,将规章制度建设要求纳入评价条件之中,促进制度建设进程。

第四,建立规章制度实施的记录和监督程序。

教学建设过程是一个理论与实践相结合的过程,而且其实践性更强。所以,应该在实践中认真做好教学改革、建设和管理工作,促进教学工作的稳步发展。

参考文献

[1]吕浔倩.信息化高职教育教学管理研究[M].西安:西北工业大学出版社,2019.

[2]吴能武,张惠虹.高校学生学籍管理案例解析[M].上海:上海教育出版社,2019.

[3]吕艳男,张亮,刘恩龙.高校思政课理论教学与实践指导[M].北京:研究出版社,2019.

[4]钟亮.现代高校教育之理性思考[M].长春:吉林人民出版社,2019.

[5]贺海鹏,王爱民.普通高等院校本科教学管理与质量评估问题研究[M].北京:科学技术文献出版社,2019.

[6]刘娟.高校管理与教育教学实践研究[M].长春:吉林教育出版社,2020.

[7]丰晓芳,魏晓楠,陈晶.高校教育管理研究[M].长春:吉林出版集团股份有限公司,2020.

[8]王丽芳.互联网背景下高校教学管理与实践[M].长春:东北师范大学出版社,2020.

[9]何晓敏.我国高校教学管理与信息化思维[M].长春:吉林人民出版社,2020.

[10]解方文.高校教育创新及其管理体系的建设[M].北京:经济管理出版社,2020.

[11]魏巍.高校教育教学管理理论与实践研究[M].北京:中国纺织出版社,2018.

[12]杜晶.新形势下高校教育教学管理创新研究[M].哈尔滨:哈尔滨工程大学出版社,2018.

[13]孔风琴.高校教育教学与教学管理的实践探索[M].长春:吉林人民出版社,2018.

[14]奚冬梅,胡飒.高校思想政治教育教学与实践研究[M].北京:光明日报出版社,2018.

[15]俞莉莹.高校素质教育管理与创新研究[M].北京:世界图书出版公司,2018.

[16]童旭光.教育管理案例研究[M].北京:北京理工大学出版社,2018.

[17]邓青林.高校管理队伍专业化与教学质量优化研究[M].北京:世界图书出版公司,2018.

[18]马周琴.新建本科院校教学管理创新研究[M].北京:团结出版社,2018.

[19]王宝堂.当代高等教育管理与实践路径研究[M].青岛:中国海洋大学出版社,2018.

[20]汪应,陈光海,韩晋川.高校教师信息化教学能力构成研究[M].重庆:重庆大学出版社,2018.

[21]李艳芳,韩燕.新时期高等教育管理路径及实践策略研究[M].长春:东北师范大学出版社,2018.

[22]尹新,杨平展.融合与创新——高校教育信息化探索与实践[M].长沙:湖南科学技术出版社,2018.

[23]靳浩.高校教育与教学管理[M].北京:北京工业大学出版社,2019.

[24]郭晓雯.高校教育教学管理创新发展研究[M].北京:北京工业大学出版社,2019.

[25]朱爱青.素质教育背景下高校教学管理制度改革的研究[M].北京:中国纺织出版社,2019.

[26]丁兵.当代高校教育管理研究[M].西安:西北工业大学出版社,2019.

[27]夏越.现代高校体育教学研究[M].北京:北京理工大学出版社,2019.

[28]陈晔.新时期高校教育管理实践研究[M].北京:现代出版社,2019.

[29]刘萍萍.现代高校教育教学管理现状与创新发展[M].北京:中国原子能出版社,2021.

[30]刘思延.高校教育教学管理实践与创新发展[M].哈尔滨:哈尔滨出版社,2021.

[31]周芸.高校教育教学管理模式创新研究[M].北京:中国财政经济出版社,2022.

[32]杨刚.高校教育教学与学生管理[M].长春:吉林出版集团股份有限公司,2021.

[33]房敏.规制与引领 地方本科高校教师教学管理制度研究[M].北京:中国社会科学出版社,2018.

[34]洪柳.创新创业教育视域下高校公共事业管理专业实践教学体系改革研究与探索[M].长春:吉林大学出版社,2019.

[35]牛国林,王记生,胡冰君.高校管理创新实践研究[M].长春:吉林文史出版社,2022.

[36]关洪海.高校教育管理与创新实践研析[M].北京:冶金工业出版社,2019.